飽妮●著

想笑的時候再笑
才是我最可愛的樣子

獻給每一個曾受委屈、受傷、無法做自己的你

自序

在想這本書的定位時，本來是想做成類似頻道上影片的文字版本。整本書寫到一半，發現好像太過死板了，少了影像輔助，文字力量很有限(應該說是我的文筆有限)，我的編輯建議我多加一些自己或身邊朋友的經驗，會讓這本書更有靈性一些，我也同意。沒想到，發現試圖幫這本書「加料」好不容易，因爲我眞的對於講私人體驗這件事陌生又彆扭，就連平常在影片中我發表個人觀點時，也比較避免談論到自己的感受和情緒。平常我很喜歡笑自己「對情感過敏」，表現情感好像會要我命一樣，想不到這種個性會成爲我未來寫書最大的阻礙，眞的是敗給自己。

其實，分享個人故事對我來說另一個困難的地方在於，往往我們看到的心靈雞湯類書籍中，作者分享個人經驗都是以過來人的姿態，對讀者分享一些快樂捷徑或是人生哲學，但我沒有這樣的人生哲學，我不覺得自己有能力寫出療癒小語，教導我的讀者如何快樂、如何更有自信。很多人生中難受的經驗至今依然困擾著我，我並不完美、也沒有高EQ可以回頭笑看那些最痛苦的經歷。我只能透過看電影、透過和角色產生共鳴，達到自我治療的效果。我相信很多人也跟我一樣。你們不需要心靈健康教育、雞湯灌溉，只是想要有人談論心中的焦慮，這樣就夠了。所以這本書誕生了，獻給這些透過電影了解自己、了解世界的人。

總之這本書還是在一個「我不尷尬你應該就不會尷尬」的微妙平衡點，完成了情感加料的篇幅。有一部分來自家人、朋友、前男友的回憶，爲了不讓他們感到不自在，有些故事做了很細微的改編，這些故事都來自我人生中最有情緒的回憶，很赤裸地分享給大家。而透過這樣的文字，心裡某部分好像也跟那個過不去的自己和解了一樣，覺得很治癒。

本書篩選出二十九位電影中我很喜歡、或是我覺得很值得討論的女性角色，側寫她們的心路歷程，以及看電影時我很有共鳴的地方，希望能寫出大家心中那些未解的、還沒被架構出來的情緒。不求能夠體悟到什麼新道理，只求觸碰到內心一點點。

從新媒體做到自媒體，一直以來都對自己的創作者身分不太有自信，想不到就這樣誤打誤撞圓了一個作家夢，總算敢抬頭挺胸，說自己是一本書的作者了。

最後，雖然很陳腔濫調，在這裡我還是要感謝那些我生命中，一直容忍著我的怪脾氣和臭臉的重要女子：我的媽媽、好友，因爲你們，我知道我眞心笑起來可以很可愛；因爲你們，我知道女孩子可以活出各式各樣不同的樣貌，即便不是最適合在社會生存的那種，依然可以活得燦爛。

鮑妮

目次

PART 3 殘酷世界交戰法則

PART 4 蛻變成為你自己

PART 1

青春成長之不可避免

我不喜歡我自己

回想起自己的青春期，雖然不是那種典型令父母老師頭痛的叛逆青少年，但某種程度上也算是個麻煩的小孩。青春期的孩子不是自視甚高就是自卑心作祟，最慘的就是像我這樣兩者皆是的類型，太過高傲，無法虛心接受學校老師的教育，又擔憂自己不如自己想像的聰明，因此逃避努力。最後，青春期還是在帶著對未來的美好幻想、交雜著自我厭惡的情緒中結束了，迎來的是接受成人社會的枯燥乏味，和戀愛帶來的酸甜苦辣。沒什麼不好，但總覺得後悔沒有好好專注於那個曾經青春有活力、天真地相信凡事皆有可能發生在自己身上的自己。

如今中二病消退，接受了自己的平庸，有時候卻仍會想像，如果當年有個崇拜的導師相伴，或是有個曾經相信自己的知音，會不會如今成爲的是更好的自己？雖然這個願望永遠無法實現了，心裡還是很想把這份微薄的希望延續下去——透過我深感興趣的影劇角色，試圖去參透那些青春期不可避免的痛苦。

雖然老一輩總愛說「當個大人多辛苦，學生該惜福」之類的話，曾經因此害怕長大的我，回想人生近三十年的時光中，最辛苦的一段時期仍是青春期。如《淑女鳥》中幻想自己能在更優渥家庭出生的克莉絲汀、《魯妹席艾拉》中對外型充滿迷思的席艾拉，以及擔心自己不夠聰明的薇薇；或是《牠》裡頭，只能無奈接受身體逐漸被物化的貝芙莉、《正常人》中想好好愛人卻總是搞砸的梅黎安，太多人爲自愛與愛人而苦惱著。

爲什麼我們總是無法第一時間知道自己想要的是什麼？又爲什麼總是去傷害那些深愛我們的人？如果能夠當個無所不知、可以一直照亮所愛之人的人，該有多好？不求解答，我們能做的或許只有靠這些影視作品，去感受不同的成長經驗，從中尋找共鳴，進而認知到自己不孤單，無須焦慮恐懼。

青春期過後，身上的刺隨著社會化、吃到一些苦頭逐漸剝落，我們會氣那個曾經不懂事、總是一意孤行的自己，但最終還是接受了青春。成長的美妙正在於此。

本章獻給每個曾經，或正在爲青春期掙扎的你。致回不去的青春，以及終於有勇氣放下的自己。

好想成為不一樣的自己

—— 淑女鳥 *Lady Bird, 2017* ——

葛雷塔·潔薇執導的《淑女鳥》，無疑是近幾年我看過最有溫度的青春成長電影之一，因爲片中的故事，正是我們每個人青春期都會經歷的。

瑟夏·羅南飾演的淑女鳥是個平凡的高中生，在不起眼的加州小鎮沙加緬度出生長大。跟很多青少年一樣，她看什麼都不順眼：怨家裡不夠有錢、怨自己不夠正、怨朋友不夠酷，自認高人一等卻常常眼高手低，成績差強人意，卻依然覺得自己是注定在大城市闖蕩的天選之人。電影就看女主角各種中二病連發，好氣又好笑，但又十分有親切感，畢竟誰沒有經歷過這樣讓父母崩潰的時期？

「拜託你趕快跟媽媽一起去看《淑女鳥》！」看完電影後，我馬上傳訊息給還在讀高中的妹妹，因爲我在女主角克莉絲汀與母親的互動中，眞的看到太多妹妹和媽媽平日相處的影子。當時她們正處於衝突不斷的緊張關係中（其實直到最近偶爾也是），正如故事中的淑女鳥和媽媽總是說不到三句話就吵架，妹妹不像我天生就懂得如何討媽媽歡心，常常因爲一些無謂小事和媽媽起衝突。

《淑女鳥》講述的不僅僅是一段混亂的青春成長旅程，更是許多母女關係的寫照。青春期的少女實在有夠難相處，難到連自己的媽媽都束手無策。

淑女鳥自視甚高，看膩了小鎮的一切，總認爲自己有一天要脫離這個鳥地方。與自己的遠大抱負相比之下，甘於這樣小鎮生活的人（例如她自己的父母）顯得特別失敗，這就促成她排斥原生家庭的一大主因。

青春期女孩的「愛比較」也是一種毒藥，淑女鳥巴不得自己能住在沙加緬度最奢華的豪宅中，這樣至少她待在小鎮中的這段時光還可以有趣一點。她對自己的出身感到丟臉，不想讓同學看到爸爸開著舊車載她上下學；她覺得身邊拙拙的閨蜜有時也搬不上檯面，她撒下一個又一個謊，只爲了打進校園中最受歡迎的核心小圈圈。漸漸地，她更不快樂了。

追根究柢，《淑女鳥》仍是一部以母女關係爲核心的電影。片中直來直往的淑女鳥，與被動攻擊性格（passive aggressive）的母親生性不合，加上淑女鳥正值叛逆期，使兩人關係陷入水深火熱，而這樣母女關係的延伸，也是這個角色逐漸摸索出自我的關鍵。內心深處，這對母女把自己最柔軟的一角留給彼此，唯有這樣血濃於水、又恰好個性不合的組合，才得以同時享有對方最醜陋也最美好的一面——在學校闖禍、被男孩傷害、對「性」困惑，這些重要的青春期體驗都有母親相伴。也許過程中有些批判，有些衝突，終究在離開家鄉那天，不知道如何面對分離的母親，還是含著不捨的眼淚，在機場開著車一圈繞一圈，後悔沒能好好跟女兒說再見。

「我只是想要你喜歡我。」淑女鳥自己很多時候無法同意母親的想法，但還是想得到母親的認同和肯定。有時候，養育我們的爸媽就是不見得和自己磁場合拍，但家人的羈絆卻是無法切斷。仔細聯想我自己與母親的關係，也是如此。出社會後懂得多了、經歷多了，開始懂得消化當年母親的教導，**即便發現不是所有觀點都適用於現今的自己，卻也因此深刻感受到母親的成長經驗有多麼不同。**透過認知這些不同，更加了解自己；透過不同的女性觀點，更了解世界的全貌，母親的思想已經成爲自己的一部分。

「我當然愛你，我希望你成爲最好的自己。」

淑女鳥的媽媽沒能正面回答「喜不喜歡」的問題，一切盡在不言中——**或許家人之間喜不喜歡不是那麼重要，你喜不喜歡自己才是。**不過家人終究會是迷惘時幫助你找到「眞正自己」的那盞明燈。

母親是女孩人生的第一面鏡，母親的教育往往影響我們未來會成爲怎樣的女性。邁入青春期，我們開始對養育自己的父母有些批判，隨著價值觀的交戰，也漸漸了解自己想要什麼、不要什麼。

青少年已經成熟到擁有獨立思考的能力，卻缺乏執行目標的經驗與資源。我們責怪父母沒有把自己生得更好，這就是最顯而易見的宣洩管道，我們都曾經如此，淑女鳥也是。

「嗨爸媽，我是克莉絲汀。」

身在異鄉的淑女鳥第一次打電話回家，也終於願意用父母取的名字稱呼自己。脫離了沙加緬度，她突然有些想家，如今終於可以在嚮往已久的大都市生活，她發現過去所看不起的母親的價值觀，卻是滋養她長大、支撐她追逐夢想的力量。

不是美少女，錯了嗎？

—— 魯妹席艾拉 *Sierra Burgess Is a Loser, 2018* ——

「像你這樣亮晶晶、漂亮的人，怎麼可能會懂我的煩惱？」

國中時期一個非常要好的閨蜜曾經這樣對我說。

她是個在人際關係上畏畏縮縮，時常講出一些仇恨言論的人，而這些仇恨總是在針對她自己：「我討厭我的臉」、「我討厭我沒有幽默感」、「我討厭我皮膚爛。」聽她這樣一直攻擊自己，身爲好友忍不住插嘴一句：「你沒這麼糟吧？」結果，她說我不懂她的煩惱。

年紀還小的我，面對這句話很錯愕，不知道該怎麼回覆，只能胡言亂語、敷衍打哈哈帶過。閨蜜臉上帶著快要崩解的笑容，但眼神沒有看我，整張臉通紅。不久前我們還在進行很平常的對話，但看到她對我那句話的反應那麼大，我突然驚覺，她是不是其實某種程度上非常討厭我？

十多年過去，我們早就沒聯絡，她這句話依然讓我非常在意。往後數年，我彷彿內建了一種防止說錯話、保護「她」人的防衛機制，隨時戒慎恐懼。因爲有些事情，我就是「不懂」。

出社會後，進女性媒體工作，後來成爲YouTuber，我開始關注女性議題，並融合爲自身創作後，這種芒刺在背感也帶到了創作中，讓我綁手綁腳：某些議題我不敢碰，某些想法我不敢講，我怕我「不懂」。

看了《魯妹席艾拉》，種種回憶浮現，雖然與個人經歷不盡相同，我還是從席艾拉身上，看到了一些些當年那位閨蜜的影子。

這部電影有萬人迷男主角、平凡女主角、外型亮麗的女王蜂，各種美式校園喜劇必備元素。只不過，**本片除了愛情，更單刀直入切開了校園中「顏值至上」的歧視現象。**在這樣的環境中，美貌就是一切；身爲相貌平平的女子，即便再怎樣聰明有才，都無法成爲眾人注目的焦點。

電影從女主角席艾拉的視角去看這樣不公平的校園文化，天資聰穎的她比所有同齡女孩都要早熟，也知道自己想要的是什麼。身處高中校園的四年，她有八成時間是對這樣的自己感到自豪的，但剩下的時間她還是會抱怨自己不夠好、不夠美，無法吸引她喜歡的男孩注意。女二薇薇正好與這樣的席艾拉相反，她是金髮碧眼、美如芭比的啦啦隊長，看似有些驕縱，又愛挖苦人，其實卻爲自己沒有充實的內涵感到自卑。

故事就從校園帥哥傑米遭薇薇惡整，意外拿到席艾拉的電話號碼開始，往詭異又好笑的方向發展。傑米誤會和自己在訊息中相聊甚歡的對象是薇薇，以爲遇到了才貌雙全、和自己心靈契合的靈魂伴侶，他瘋狂墜入愛河。然而，席艾拉也不敢戳破眞相，她擔心傑米發現螢幕後的自己只是外貌平平的魯妹後，會從此斷絕來往，才突發奇想找上薇薇本人幫忙，求她配合演出這齣戲。不料雪球越滾越大，連薇薇都開始對帥氣迷人的傑米產生好感，原本的純愛物語發展爲不可收拾的鬧劇。

當初剛看完《魯妹席艾拉》，還沒馬上聯想到那位閨蜜，反而先是不由自主對這個角色有點反感。她希望別人多注意她的內在，同時又以自己的外型爲恥；她自私地操控薇薇和傑米，還覺得這一切都是必要之惡、迫不得已，一切只因爲她不願意接納眞正的自己。電影最後拐了個彎，讓傑米如聖人般解救了自卑的席艾拉，告訴她自己喜歡的一直都是她的內心，不在意外表（即便她的內心也不全然美好）。

電影沒有給席艾拉一個夠好的結局，我想，這才是我對這部電影感到最不舒服的地方。

撇開故事中複雜的三角戀不提，「長得好看的人才值得被愛」、「其貌不揚的青少女在校園的困境」才是電影想探討的重心。比起頭腦簡單、思想單純的美女薇薇，席艾拉擁有更衝突複雜的人設，她雖然對自己的聰明腦袋有些自豪，但面對喜歡的男孩，還是想要看起來像個正妹——她時常不禁心想：「擁有薇薇那樣的美貌，到底是什麼感覺？」**她也想要漂漂亮亮、受人歡迎**，就算這其實與她聰明、清楚自己目標的個性小有衝突。但對青少年來說，或許長得好看真的就是那麼重要，重要到可以讓她暫時忘記自己比同班同學都要優秀的現實，陷入自我憐憫的深淵。

片中，席艾拉甚至寫了一首原創歌曲〈向日葵〉獻給自己與薇薇，歌詞唱道：

玫瑰裝在玻璃花瓶中，完美的曲線，完美的臉蛋，她們屬於雜誌中。那些男孩苦苦追求的女孩，總是輕而易舉贏得所有遊戲，她們與我屬於不同等級。對天空伸懶腰假裝我不在意，希望你哪天會注意到我，但我是朵向日葵，有一點滑稽，如果我是玫瑰，或許你就會要我了。如果我可以，我願意為你一夜改變，變成你想要的樣子。

「哇，旋律療癒是療癒，歌詞也太mean了吧。」我當初聽完這首歌，是這樣想的。先是指控漂亮的薇薇天生作弊，想被愛就有人愛；再來指責自己喜歡的男孩膚淺，只看外表，要變成漂亮玫瑰才肯愛自己。席艾拉希望他人不要那麼在乎外表，自己反而是最膚淺的那個人啊。

比起探討外表到底重不重要，席艾拉更應該把焦點放在「魅力的多樣性」，這是直到年長一些後，我才發現的一點。

一個人的魅力，或許第一眼取決於外表，但能不能留住喜歡的人，還是得靠內在特質。交友也是，性格好親近又溫暖、善於察言觀色的人通常特別受歡迎，與外型並沒有絕對關係。可以生來就有符合大眾審美的外型固然方便，但美貌也不是絕對被愛的保證。被嫌傻妹而遭大學生拋棄的薇薇，就是血淋淋的例子，席艾拉卻無視了這點。她太過關注自己所沒有的，放大了自己的不安全感，反而彆扭又不討喜——**做個滑稽的向日葵很可愛呀！誰說一定要滿山遍谷的玫瑰呢？**

要獲得自信，最直球對決的方式，就是改變自己可以改變的，並接受那些不能改變的。最重要的是，我們都要知道，自己不可能被所有人喜歡；你第一眼喜歡上的人，更不見得有緣走進你的生命中。薇薇雖然看似驕傲愚笨，其實有顆善良的心；席艾拉沒有亮眼外表，卻有絕佳的幽默感和想法，這些都需要時間去深掘。不是每個人都有幸見證你最好的一面。清楚自己的優點，認清那些眞正懂得欣賞它的人，才是最棒的交友之道吧。

多年過去，不曉得那位閨蜜是否已經過了對外貌自卑的階段？但如果能與她重逢，我希望可以跟她說：「對不起，我不懂你的煩惱，但你眞的是個很有魅力很棒的人，所以我們當初才成爲了朋友。」

長大，真的好恐怖

—— 牠 *It, 2017, 2019* ——

小時候最愛看的動畫《玩偶遊戲》曾有這麼一段劇情：女主角紗南發育到必須穿鋼圈內衣，到內衣店挑內衣。紗南對自己終於「長大成人」充滿興奮期待，興高采烈換了好幾套，現場來了段內衣秀，神情彷彿說著：「哼哼，我也是女人了喔。」這段畫面至今依然讓我印象深刻，因爲，眞的跟我太不一樣了。

記得在十一歲以前，我穿的一直都是無鋼圈的兒童內衣，直到胸部形狀發育漸趨飽滿，媽媽才帶我去買有鋼圈的內衣。第一次挑內衣的詳細過程已經記不太清楚，印象只有當時的溫柔櫃姐在旁協助，教我怎麼推胸，還親自幫我「撥肉」了一下。面對櫃姐的自在和游刃有餘，我反倒有點害羞。這些兒時難以想像的體驗，居然有一天會成爲理所當然，讓我對當時的自己非常訝異。

第一次買內衣、初經來潮、習慣胸部區域被打量，是每個女孩子青春期必有的經歷。回想起這些讓我自覺成爲女人的體驗，似乎每一個回憶都又困又窘。曾經有很長一段時間，我懷疑自己是不是根本就不喜歡當女生，後來發現，不是的，**是這世界對小女孩來說，真的太可怕了。**

二〇一七年看了《牠》這部電影，在沒有看過原著的情況下，先是對蘇菲亞．莉莉絲飾演的貝芙莉．馬許產生了強烈共鳴。

十四歲的貝芙莉，在看似平凡、實則危險的德瑞鎮長大，除了有著同齡女孩沒有的美貌，她的經歷與內心最害怕的事物其實於一般女孩無異：流血的身體、隆起的胸部、異性看待自己的眼光不再一樣，在在提醒她不再是個小女孩，連她那長年若有似無被她吸引的父親，都開始對她變本加厲的肢體碰觸。貝芙莉厭惡父親，也討厭逐漸性感化的自己，因爲這些都在強奪她極力保有的純眞。

史蒂芬金筆下的這個虛構城鎮「德瑞鎮」，棲居著一隻以恐懼爲食的怪物，每過二十七年就會脫離冬眠，四處誘拐、吞食孩童——伴隨孩童的純眞而來的恐懼，讓他們的肉質更加鮮甜。鎮上的七個小孩組成「魯蛇俱樂部」，調查殲滅「牠」的方法，史上最危險的冒險就此展開。這些孩子平凡無奇，唯一共同點就是都有害怕的事物。成員中只有一名女生，一個頭髮紅如冬日火把的美麗女孩，貝芙莉·馬許。

回憶當初青春期發育的體驗，除了要習慣變化中的身體，最困難的還是要適應來自異性的不同目光、習慣他人性欲的投射。現實生活中，我們不見得有個想要侵犯自己的父親，或者嫉妒自己美貌、惡意攻擊自己的同學，但我們確實都經歷過讓人不適的男性凝視。從某一時期開始，必須習慣異性長輩不同的目光、叔叔們下流當有趣的玩笑、被男同學調侃是不是「又那個來」……**青春期是痛苦的，魯蛇俱樂部的成員各有煩惱，貝芙莉正是女孩的代表，同時經歷了每位女孩最難受的青春回憶。**

青春期的身體變化是尷尬的，認知到自己與男孩不同是無奈的，大環境看待你的方式出現轉變，尤其讓人討厭。貝芙莉是家暴受害者、被異性性感化的物件、同性的眼中釘。只因外貌出衆、受異性歡迎，就被善妒的女同學造謠是個輕浮的蕩婦，即便十四歲的貝芙莉根本還沒有性經驗——她的經歷等於所有女孩惡夢的共合體，家裡還有個噴出鮮血和斬不斷長髮的靈異臉盆。但貝芙莉仍毫不畏縮，是魯蛇俱樂部中最勇敢最成熟的，甚至有時候像大家的領導者。

然而，即便是這樣性格剛烈、不願意視自己爲受害者的女孩，周遭看待她的方式依然不變。她的美貌太過搶戲，成爲展現她個性的最大阻力。貝芙莉的經驗套用在其他漂亮女孩身上當然是有些浮誇，畢竟原著有意要將這角色的遭遇特別戲劇化，以突顯德瑞鎮的邪門之處：在這裡，連長得美都有罪，生來就是要被霸凌。

小說版本中，貝芙莉在團體中的定位更加被物件化，魯蛇俱樂部每個成員都和她發生過關係，作爲擊敗「牠」的儀式。史蒂芬金形容，這儀式是貝芙莉擁抱自己「登大人」(Womanhood)的方式。確實，「性」也是女性成長的必經歷程，但讀到貝芙莉在這種被迫情況下獻身，不禁讓我聯想到，**現實中的女性在成長過程中，好像也常常被加諸這樣的迫不得已**：爲了「正常生活」，假裝沒有不舒服的目光；爲了「不要讓場面難堪」，勉爲其難迎合歧視女性的笑話；爲了當個人人口中的「稱職母親」，犧牲自己的理想。貝芙莉在片中擊敗了化爲父親形象的「牠」，象徵戰勝恐懼，但我仍不確定，這對她來說，是不是已來到了美好的結局——畢竟成年之後的鳥事更多，許多經歷更讓人惡寒。

曾經，我質疑自己爲何如此排斥自身的陰性特質與陰性體驗，但回憶起來，這個世界還眞的是讓女孩難以喜歡自己。如果可以搭時光機回到十八年前，與那個第一次穿上內衣的自己對話，我大概也無法長篇大論教導她如何愛自己，能說的或許只有：「以後你還會遇到更多更窘的事，但你都挺過來了，胸部長到D罩杯，後來還寫了一本書。」

從某一時刻起，異性看待我們的眼光不再一樣，
導致我們必須重塑那個過去認知的自己。
如何在這段時期找到正確看待自己的方式，
而不是順應他人看你的方式，
是青春期必須學會的課題。

有些人的快樂，得之不易

—— 正常人 *Normal People, 2020* ——

身爲一個常常看很多事都不順眼的厭世仔，總覺得快樂生活可能眞的 Not For Me，我就是個不論在感情中或是生活中，都沒事很愛給自己找碴，太幸福反而會嫌無聊的怪人。（有時候我對這種「明知山有虎，偏向虎山行」的冒險精神很自豪。）**原本以為我是神經病，直到讀了《正常人》才知道，原來我是正常人。**

這本暢銷著作很快就被改編成迷你劇，梅黎安與康納化爲活生生的人物，讓人看得更加揪心。

梅黎安與康納，這對性格、背景天差地遠的男女，多年來經歷相愛、怨恨與誤解，但無論怎麼樣的衝突，都無法阻止他們再度回到彼此身邊。從青春期到大學，這段尋求他人及自我認同的尷尬時期，一路上都有彼此相伴；他們之間有著難以言喻的引力，即便吸引的結局是碰撞瘀傷也甘願。

《正常人》用誠實且一針見血的方式，描繪梅黎安與康納這對「正常」男女的內心世界，揭露了一些常人定義的病態（如梅黎安在床上喜歡受虐的癖好）、一些常人定義的軟弱（如康納的憂鬱症）。也因爲這些情節太過私密眞實，我們不禁想像，是否每個人都是如此？關上房門後，任由想像力與欲望奔騰的我們每一個人，心裡是否都有那麼幾個「正常人」無法理解的祕密？

不論小說或影集，《正常人》都給人濃濃的孤寂感，即便在最喧囂的場景中，背景的梅黎安與康納看起來總是那麼有距離感——因爲能攻破他們心房的，永遠只有彼此。就算我們這些觀眾以上帝視角觀看他們長達數年的成長歷程，都還是比不上他們對彼此的了解。

比起沒主見、在外人身邊總是壓抑自我的牆頭草康納，梅黎安這個角色相對吸引我，除了因爲她的成長歷程有著更明顯的曲線，高中時期被排擠的經驗也讓女孩子特別有共鳴。梅黎安無法適應校園生活，這一點尤其讓我點頭如搗蒜。

高中時期的我是個完全無法融入班級的怪人，上課安靜縮在角落，下課趴著假裝睡覺，對團康活動敬謝不敏，大家熱血的時候總是冷靜。老師教課讓我很無聊，同學關注的潮流我也覺得很無聊(當時韓流偶像正紅)。因爲我完全沒有朋友，只好去校外交男朋友，在同學眼中眞的超怪，漸漸地，連願意跟我互動的人都變少了。

《正常人》的梅黎安遠比當年的我更聰明、更有個性許多。書中她明確指出自己無法接受高中校園的規則：上課一定要假裝專心(即便老師教的東西自己早就會了)、有活動時一定要全體集合、服裝一定得怎麼穿、不能跟老師頂嘴，她對於學校綁架自己的時間和思想這件事感到極度不滿，更讓她不懂的是，爲什麼身邊每個同學都這麼喜歡學校？

梅黎安總是不屑團體活動，高高在上，加上家境優渥，同學認爲她太自以爲是，導致她被排擠。然而，梅黎安的青春體驗中，最讓人感到絲絲痛楚刺上心頭的，無疑是男同學針對外型的攻擊與性騷擾。被說飛機場、醜八怪還不是最糟的，在遇到高年級生的毛手毛腳時，若擺出受傷的表情，還會被認爲「大驚小怪又難搞」。**青少年太害怕自己變成不合群的怪胎，以至產生了某種殘酷社交文化。你要麼融入，要麼就滾蛋。**

看著這樣充滿既視感的劇情，我完全把自己帶入了梅黎安的角色。對於她最後還是在大學校園脫穎而出，認識了值得深交的摯友，也忍不住替她開心起來。(我人生最好的幾個朋友，也多是在大學時期遇到的。）

《正常人》運用一段青少年的愛戀引出青春期的同儕相處問題、原生家庭導致的性格問題、青少年不懂如何處理的感情問題——這都是年少時期的我們十分熟悉的回憶。梅黎安來自一個失能家庭，哥哥對她暴力相向，媽媽則是漠不關心；康納來自辛苦的勞工階級，母親未成年懷孕生下了他。然而，即使兩人如此不同，他們卻有著相互吸引的靈魂，這樣的衝突與情感交織浪漫美好，或許生命的妙不可言正在於此。

回歸到青春愛戀這件事，這時期的愛情總是莫名其妙就搞砸了，因爲像康納那樣害怕他人的眼光、因爲像梅黎安那樣愛面子又愛鬧彆扭。我們太容易用自己的想法去曲解別人的想法，忽略每個人的背景、個性終究不同，錯失讓重要的人走進自己生命中的機會。梅黎安這輩子都在求愛卻不自知，她理應已經習慣了孤獨，卻比誰都還要渴求被愛，同時又莫名相信自己不配被愛，所以總是在受到傷害前就先轉身離去。她身上早已傷痕累累，容不下天外飛來的橫禍，康納是她唯一能相信的避風港，但即便像這樣體貼溫柔的人，也有自私的時候。

正常人都會犯錯。正常人都很殘忍。正常人都需要陪伴。

梅黎安終於知道，自己從來都不是一個人，她放下自尊，學習依賴康納；康納也放下無謂的他人眼光，當眾承認對梅黎安的情感。他們的故事跨越數年，留下一個開放式的結尾，畢竟愛情從來沒有什麼絕對的圓滿結局。比起童話故事闔上書前丟出一句「從此幸福快樂」，梅黎安和康納之間難得的情感連結，可能才是眞正難能可貴。我們無須因爲擔心受到傷害，就一再把愛人推開；專注於被愛著的自己，才能在當下好好體驗何謂幸福，何謂「生」。

面對人生經歷的種種苦楚，其實現今的我也無法說出「感謝這些經歷」這種話。看完梅黎安與康納的故事，內心領悟一時之間難以用三言兩語道盡。這些生命中的傷害就是不可避免，不論繞了多少路，終究身上還是會沾到些灰灰或塵土。所謂受傷過後變得更堅強，指的不是「下次不再受傷」，而是在過去這些傷痕中找到自己存在的意義，這些痛增幅了生命的喜悅。而那個一路上都相伴在一旁、願意原諒自己偶爾自私愚蠢的人，或許就是最該珍惜把握的人吧。

女子間的戰爭

女孩之間的仇女情結，我們爲什麼要討厭彼此？

男性對女性的仇女，尚可以用自卑心作祟、父權至上這樣的心理去解釋，但女性對女性的仇女，卻總是複雜得多。不到長大一點、開始認知到「仇女」這個概念，其實從沒發現過自己這輩子都在與其他女孩爲敵——女孩之間的競爭，時常帶有惡意的攻擊和精神上的霸凌，在這種同儕環境下成長的我們，形成一種不說穿的默契：不要太招搖、要懂得假裝謙虛、太愛現是大忌。久而久之，我們封閉了自己眞實的想法，不滿或生氣時都隱忍下來，面對不舒服的事情「習慣就好」，我們成爲了社會要我們成爲的「乖女孩」。

女孩子討厭彼此，原因千百種：吸引異性注意的競爭意識、不夠融入團體，太過漂亮的女孩如果不夠親切，可能也會被認爲自以爲是。（回憶自己學生時期，也因爲和一個特別受歡迎的男同學走得較近，被班上很多女孩子討厭。）

年紀大一些，開始會收斂一些，懂得低調行事，才終於成功融入團體，變成一個社交上知進退的女生。我曾經深刻檢討以前不夠懂得察言觀色，害自己交不到朋友。直到開始了解

「女孩之間的仇女」眞實存在的這件事，才意識到毋須檢討自己。爲人直率沒什麼不對，錯在這社會教導女孩子必須以「某種特定形式」社交；錯在我們都把「競爭」當成令人害怕的事情。人與人之間難免有比較，但也因爲這樣的比較，幫助我們認識到自己的獨特之處，幫助我們從他人身上學習自己的不足。大環境教育我們不能太過突出、特立獨行，導致我們覺得，只有某種特定形象的女孩是值得被崇拜的。

本章蒐集了我自己最愛的YA校園電影《辣妹過招》、《愛的過去進行式》、《破處女王》，片中的女主角都爲同性相處頭疼，看著這些電影，我彷彿又再體驗了一次少女時期。爲她們的處境心有戚戚焉之餘，一想到這些青春期少女的無知荒謬，自己竟然全都經歷過，也不禁感慨——大部分女孩子都體驗過這種對女生朋友小心翼翼、勾心鬥角的「登大人洗禮儀式」，但直到成年後才發覺，這些體驗除了爲我們加上限制以外，別無用處。

本章節的女主角們，大多擺脫了枷鎖，變得更有自信，更了解自己，最後得到了快樂圓滿的結局。她們是怎麼做到的？我們，也做得到嗎？

比非洲草原還要殘酷的女子生態圈

—— 辣妹過招 *Mean Girls, 2004* ——

美國喜劇節目《週六夜現場》曾有這麼一段搞笑短劇，劇情大概是這樣：一群女子聚在一起，女子A先是誇獎女子B今天眞美，女子B自嘲一番說哪有我醜斃了，然後又誇了女子C，女子C也比照同樣說法。這群女子把誇獎推來推去，直到女子D出現，她被誇獎身上的大衣眞好看，接著只簡單說了一聲「謝啦」，剩下三名女子面面相覷，然後開始相互廝殺。

這段荒謬短劇先是讓我大笑了足足三十秒，喘口氣後，不禁反省起自己好像平常眞的會這樣。對於誇獎，總是要先彆扭地推辭。但看了這支短片後，從

此我聽到誇獎，都會直接說謝謝，再也不想活得那麼累了。

這種貶自己、抬別人的社交文化，在女孩之間尤其常見，這規則無須誰來說明，就內建在每個女孩的腦袋中，無疑是先天生存技能的展現。至於把這種女孩殘酷生態圈描繪得最巧妙、最生動的，在我心中非《辣妹過招》莫屬。

片中女主角凱蒂因爲父母工作的關係，從小在非洲長大，長年在家自學。第一次體驗美國高校生活的她，對女高中生的各種習性感到不適應。當她加入校園中最受歡迎女子團體「塑膠一族」後，漸漸了解到一件事——原來，青少年生態圈跟她最熟悉的非洲草原沒什麼兩樣，不僅要屈服於食物鏈，還更加殘酷、更難生存。

心機貌美的女孩帶頭搞排擠，彼此陷害、搶別人男友，以當上校園最受歡迎的女生爲團體圭臬，這是二〇〇〇到二〇一〇年代左右，校園喜劇中最常出現的故事情節。青少女時期的我們愛看這樣的校園鬧劇，長大後喜歡看《甄嬛傳》中，妃嬪們爲了皇上爭得你死我活；即便荒謬，一定程度上也是因爲它們多少如實描繪了我們所處的世界。當然，我們不會爲了弄死情敵，在她的食物裡下毒，或是爲了搞壞校園美女的膚質，幫她的保養品加料。這些影劇可能也是某種壓力宣洩的出口，怪的是，我們很少去認眞思考這些壓力從何而來。

我們女孩子，為何這麼討厭彼此？

《辣妹過招》中的女王蜂瑞吉娜．喬治，長得正又善於操弄人心，稱霸校園多年。剛轉學進來的凱蒂，決定與珍妮絲聯手策劃「政變」，將瑞吉娜從女王寶座拉下。不同於一般校園片，看的都是女王如何惡整新人，本片的看點在於心機女如何慘電校園女王蜂，一步一步奪走她的光輝。觀眾親眼見證一個女神的崩壞，同時又感慨，青少女所追求的這種「人氣」有多麼不堪一擊。

某種程度來說，這部電影也滿足了一部分人對這種校園霸凌者的復仇欲，當年我們不敢做的，凱蒂做到了。然而回歸校園議題本身，這部電影中凱蒂比誰都還要壞、還要工於心計，瑞吉娜只有被虐的份，我們幾乎可以說這是一部以反派視角出發的電影。不過，透過這個另類視角，我們也得以進一步解剖校園中的女子生態圈：**故事中，到底誰最惡劣？女孩子真的都那麼壞嗎？**

年少時期看這部電影，站在凱蒂這邊，覺得假掰又表裡不一的瑞吉娜罪有應得；成年後又看了無數次，發現凱蒂和珍妮絲這對組合處心積慮設局，就爲了弄一個校園女王蜂，還眞的得逞了——說實在，某種程度上比瑞吉娜還要惡毒。

凱蒂在電影之初，給人感覺是純潔的、善良單純的，她一度眞心想和瑞吉娜做朋友，然而珍妮絲卻極力反對凱蒂和瑞吉娜變好。她形容瑞吉娜是魔鬼的化身，還說「親近她沒好事，她只會毀了你的生活」。凱蒂雖然內心存疑，還是選擇相信珍妮絲，可見她與瑞吉娜對立的初衷，在於「獲得新朋友的肯定」。

校園中選出舞會國王皇后的傳統，也是另一種加劇社交焦慮的原因。青少年對「受歡迎」這件事情產生執著，或是開始特別嚮往某些特定形象的人，都難免產生比不上別人的自卑心理。年幼的我們不知道的是，每個人都有自己的歸屬和適合的身分，不見得要站上舞台戴上皇冠，才是最閃耀。

「要麼就當最閃耀的那個，要麼就低調當綠葉。」

這是女孩生態圈交戰守則第一條，正如故事中的葛雷琴與凱倫，在社交圈有一定地位，但也不至於高調到成爲衆矢之的。我覺得大多數女孩在成長過程中大多是這一型。懂得捧女王、懂得運用女王的資源，了解自己配角的定位，不僅能安穩度過校園生活，出了社會大概也會挺受用。然而現實生活中，我們總不見得每個人都能活用這一套生存智慧(我自己就屬於很難遷就別人的類型)，這時，擁抱個體的獨立性和自身特色就非常重要。

《辣妹過招》的成功，或多或少加劇了人們對某一特定形象女孩的刻板印象，但是，女孩子不盡然都是那樣工於心計、只在乎自己的外表；高中生對「人氣」這件事情，也不見得眞的那麼在乎。反過來想，片中的女孩們也有可能是因爲自己先被迷思綁住，才活得那麼不像自己。

在凱蒂惡意破壞下，塑膠一族解散了，每個角色反倒找到了新的生活方式。充滿攻擊性又躁進的瑞吉娜加入了袋棍球校隊，終於有宣洩憤怒的管道；凱倫眞的當起了用胸部預知陰晴的天氣播報員，不再有人嫌她又蠢又瞎；而葛雷琴的天職眞的就是小跟班，她選擇加入其他小團體；至於凱蒂，終於認清要男孩喜歡自己無須裝笨。因爲，要別人喜歡她，她得先喜歡自己才行。

「壞女孩的詭計被拆穿，從此成爲大家討厭的對象；純眞的女主角大獲全勝，得到男主角的喜愛。」這部電影沒有以這種善惡二元、惡人自食惡果的方式作結，而是讓每個角色都找到邁入人生下個階段的落腳處。畢竟這些女孩壞不壞，不該由觀衆定義，人生還長，青春期只占一小部分，她們往後人生會成爲怎樣的人，還很難說。

出於自尊心和虛榮心，女孩之間似乎特別容易仇視彼此。比行頭、外貌、男友，但最終我們還是得認清：比較沒有意義。就算今天當了校園女王蜂，一樣需要戰戰兢兢哪天會被踢下寶座。真正的自信還是來自於喜歡上「有目標，且正朝著目標前進」的自己。

因男孩而起的女孩心事

—— 愛的過去進行式 ——

—— *To All the Boys I've Loved Before, 2019, 2020, 2021* ——

十六歲的勞拉珍，浪漫卻彆扭，總是陷入單戀，卻無法說出自己的心意。她內心澎湃的情感無處發洩，只好把這些心情寫成一封封情書，封藏在房間最不起眼的角落。等待愛戀之情退去，她也得以忘卻這些無果的戀情。一天，多事的妹妹凱蒂幫勞拉珍把這些塵封多年的信全都寄到本人手中，原本平靜的生活頓時天崩地裂，也意外開啟了她從未想過的校園生活。

《愛的過去進行式》是部有些芭樂，卻芭樂得超級到位的青春校園片，勞拉珍的彆扭與青春期少女獨有的小心機，不禁讓我回想起青春期的自己。對喜歡的男孩不敢占有，只敢遠觀，時不時感受曖昧能量便已滿足。

但當時的我們不知道的是，有時候，不說破並非什麼溫柔體貼，只是逃避的藉口。

勞拉珍這個角色悶騷到奇葩，寧願和校園中另一個男孩上演假交往，也不願意對喜歡的人承認自己的感受，於是衍生了和昔日閨蜜之間，因男孩而起的修羅場。女孩們因爲爭奪男孩的愛而鬧不合，這種故事情節看似膚淺，但這部以浪漫題材包裝的清新小品，確實道出了青少女甚至成年女性都仍在經歷的戀愛煩惱。人所有的煩惱，幾乎都是跟他人比較而來的——「憑什麼他愛她，不愛我？」這就是勞拉珍和昔日閨蜜珍之間永遠無解的難題。

勞拉珍和珍曾經是最好的朋友，珍因爲長大後變得比較漂亮，成爲校園風雲人物，落下了內向不愛高調的勞拉珍，兩人漸行漸遠，甚至有些彼此討厭。電影最後揭露珍之所以遠離勞拉珍，並不是因爲看不起她邊緣，而是小時候玩冒險遊戲時，勞拉珍親了當時珍喜歡的男生彼得。「你明明知道我喜歡他，爲什麼還要這樣？」

乍看清純、善解人意的勞拉珍，其實有她自私的一面，因爲她自己也喜歡彼得，沒有顧慮到珍的感受，多年後卻單方面認爲是珍在排擠自己。這段青澀的三角戀，延伸到續集還在進行，已經和彼得交往的勞拉珍，依然在意他和珍的過往。前女友的鬼魂無所不在，她總是想著彼得和珍在一起時是如何互動，自己是否只是在重複彼得和珍已經體驗過的經歷？

彼得是不是忘不了珍？停不下來的比較，讓她越來越煩惱，生活也跟著一起失序。

《愛的過去進行式》描繪的不見得全然是青春戀愛煩惱，而是練習正視自己醜陋的一面以及過去犯下的錯，並學著眞正認識自己。續集中，勞拉珍和珍回到兒時一起埋下時空膠囊的小屋，第一次把話說開。透過長者的教導，勞拉珍認知到即便兩人不再是朋友，還是有著無法切割的「緣」，正如彼得和珍之間也有緣。勞拉珍認清了，一直無法放下珍的人是自己，而不是彼得。

「傷我的心吧，把我的心碎成上千片。」

彼得對勞拉珍說出這番浪漫情話後，電影圓滿結束。然而，現實生活中我們不見得有個像彼得這麼夢幻的男友。我們都得學習面對自己討厭的某部分自己，而不是一味將自己的不安全感與不自信怪罪他人。勞拉珍終於發現，自己不是自我幻想的那個落難少女，不是故事中的可憐受害者，也不是等待被拯救的公主。她醒了，不是因爲王子的吻，而是她眞正了解自己，面對自己犯下的錯，她做好可能失戀的準備，去挽回彼得。

「有時候我們得先親吻錯的男人，才能知道什麼是對的。」

成長過程中，我們總當過那麼幾回他人故事中的反派，然而也是因爲這樣的奪取與領悟，使我們更誠實面對內心的光明與黑暗。勞拉珍終於想起自己有時候也會有意傷害他人，甚至是自己愛的人。換位思考後，這次她不再擔心受傷的是自己，因爲人生本是如此，凡事不見得都能如心之所向。有時候我們以相互傷害、犯錯爲代價，才會知道什麼是對的；有時候我們縱身跳下暗不見底的深谷，才能離正確道路更近一點。當一切問題回歸到自己身上，你也拿回了生活的掌控權。喜歡的男生到底是喜歡自己還是別人，好像也沒那麼重要了。

蕩婦羞辱常常是女生先起頭的？

—— 破處女王 *Easy A, 2010* ——

國中時，別班有個發育「特別好」的女孩子，身型嬌小卻前凸後翹，跟其他同年級女孩子相比之下，女人味提前來了許多。由於外形可愛，個性又活潑，很快就成為同學討論的話題人物。起初，關於她的話題多聚焦在她的可愛，後來漸漸變成討論她有多少追求者，最後則傳開她和男友在學校廁所玩「四腳獸」。根據傳聞，她還有不只一個可以玩的男朋友。

曾經的話題甜心突然沒人喜歡了，她變成一個人人口中「隨便」的女生，男生對她幻想破滅，就連女生都有些瞧不起她——即便從頭到尾都沒有人去查證她的那些風流韻事到底是眞是假。回想自己當年其實也不認識那位女同學，在那個腦中尚未建構「蕩婦羞辱」(Slut Shaming)概念的年紀，我或許也曾經加入看笑話的討論：「對啊！那個女生眞的很瞎耶」、「好可怕，在廁所亂搞？」

面對性，女生之間似乎總是少了那麼一點同理心。

學生時期的這段回憶並不是特別有分量，好長一段時間我已忘記它了，直到認識「蕩婦羞辱」，關於這個女同學的記憶才淡淡浮起。我發現，要毀掉一個人的青春眞的好容易，有意的、無意的，一個你認爲不重要的八卦閒聊，都助長了仇女風氣。相信八卦和怪罪女性，就是這麼理所當然，這都讓青春期少女的日子更加難熬。

第一次看《破處女王》，抱著看喜劇片的期待，殊不知詼諧調性下描述的卻是敏感議題。故事圍繞在樂天、直來直往的女主角奧莉薇身上，我們看她如何面對校園中不公平的歧視與愚蠢的校園風氣，並且用最幽默從容的方式，讓問題迎刃而解。

「我曾經是無名氏，沒有異性會注意到我，如果 Google earth 是男的，就算我打扮成十層樓高的大樓也不會被看到。但突然，每個人都注意到我了，我想，就算現在我打扮成磚頭也超醒目，就因爲我是個『蕩婦』。」女主角奧莉薇如此自白。因爲一個無心的謊言，她的名聲在校園中廣傳。

對十七歲的奧莉薇來說，性就像是還不允許品嘗的禁果，但妙的是，也正因爲對性的未知，以及在這年紀獨有的叛逆，讓性愛變成又酷又壞的一件事情。

在比自己早熟的朋友面前忍不住吹噓一段莫須有的風流性事之後，八卦不脛而走，沒幾天，她竟然就突然爆紅，走在校園中都被行以注目禮，以前從沒說過話的男同學還會前來問安。奧莉薇變成了大家眼中的豪放女。起初，她挺享受難得被注目的感覺，不料消息越描越黑，她的名聲越來越臭，就連她那以爲是「閨蜜」的好朋友，都開始嫌棄她隨便。先不論她的風評是眞是假，奧莉薇對整間學校都在抨擊身爲女生的自己，感到忿忿不平——她決定效仿《紅字》中的赫絲特，天天穿上縫有A字的衣服上學，作爲她最激進的抗議。

奧莉薇的靈感來源，經典文學《紅字》，描繪已婚女子赫絲特和神父犯下通姦罪，被罰終身都得配戴象徵著「通姦」(Adultery)的紅字牌出門。然而，赫絲特是個性格剛烈又善良的女子，始終拒絕指認與她通姦的戀人名字，甚至主動將A字繡在衣服上，反倒將羞辱的印記變成了愛的勳章。她眞誠待人的態度和保護女兒的行爲，反而受到一部分人的眷顧，被他們視爲烈士。

《破處女王》用最淺白的方式，在「蕩婦羞辱」議題單刀直入，並以樂天又做自己的奧莉薇視角出發，來看性別雙標到底是怎麼一回事。在她的名聲傳開後，男孩開始喜歡吹噓自己和奧莉薇有過什麼，就連校園中被霸凌的男孩，都各自來求助奧莉薇，要她「假裝」跟他們上過床，藉此成爲學校裡比較酷的那種人。奧莉薇於是成爲幫助邊緣人、成全他人「男子氣概」的聖鬥士。

諷刺的是，人們看待女孩性經驗的方式非常不同。和許多人睡過，這對女生來說可不是什麼可以吹噓的戰績，相反地，越低調越好。

正如《紅字》的情節，《破處女王》當中，最緊捏著「蕩婦」標籤不放、狂貼在奧莉薇身上的，反而都是女生。學校裡篤信基督教的乖乖女瑪莉安展開瘋狂攻擊，她認爲奧莉薇應該要感到慚愧、學習懺悔；基督教社團高舉「純潔忠貞」旗幟，實際行爲卻是霸凌，這一切發生在其實根本沒有性經驗的奧莉薇身上，顯得更加諷刺。

爲什麼女孩特別容易跟著蕩婦羞辱的風向，當起攻擊者呢？或許跟擺脫不了的性別期待也有關聯。

一個男孩如果表現得不夠陽剛，嘲笑他的也往往是其他男性；**女孩從小被教育應該潔身自愛，看到別的女生特別開放，也會用異樣眼光以對。**但不論「以什麼爲理由」去針對那些被排擠的人，我們都必須知道，被霸凌者可能會受到一輩子的傷害。我們將自己放在道德高地指責他人時，往往會失去同理心，忽略另一個人也是有血有肉的活人，忽略自己也有不完美的地方。

電影最後，奧莉薇用正能量與幽默感來面對這一切，她突發奇想，決定亂入學校活動，上演一段性感熱舞，還要大家去看她的「火辣直播」。幽默之餘，這段劇情其實也充滿力量，奧莉薇眞正擁抱了自己被物化的身體，放下他人對她的看法，因爲她清楚知道，她終究無法控制別人如何看待自己。這些攻擊的言論，往往也不是來自眞正關心自己的人。

奧莉薇最終決定道出眞相，揭露這些日子她和男孩們的「假性交易」。這不是爲了洗刷冤屈，而是提醒大家：「我的生活要怎麼過，跟你們一點關係都沒有。」她的坦承解救了自己，也逼使大家正視校園中對性有錯誤迷思的陋習。我們可能都曾經在無意中扮演過助長霸凌、歧視的角色。即便《破處女王》終究是虛構，現實生活中我們沒有奧莉薇的勇氣，但這部電影讓我想起了當年那位女同學，還有曾經無知的自己。原來自己也扮演過在別人生命中，製造流言蜚語的那種反派小配角。從意識到這件事的這一刻起，至少我可以從這個角色跳脫出來，重新審視自己與他人的關係——當配角沒關係，但不要再當反派了。

我們都扮演過在別人生命中，
製造流言蜚語的那種反派小配角。

PART 2

我愛故我在

男性凝視下的女子圖鑑

什麼是「男性凝視」(male gaze)呢?男性凝視存在於流行文化各處，也存在於你我生活之中。文意上理解是「被男性盯著看」，實際上的意義更廣泛，指的不只是在現實生活中被男性看著，也能用來形容媒體物化女性的現象。當電視廣告、影視作品出現一些近拍女體的畫面，或是讓女性的行爲和台詞不合常理(以符合男性期待)時，都能被解讀爲「男性凝視的角度」。另一方面，當電影中的女孩子完美到像仙女，但是她的背景故事在劇情中沒有太多交代，或者本人看起來沒有個性的話，這種角色也可以視爲男性凝視下的產物。

好萊塢幕後人員的組成，本來就以男性居多，這或許不奇怪，但值得思考的是，如果好萊塢編劇都會將自己的幻想投射到角色身上，那麼，是否代表現實生活中的男性也有類似的通病，在戀愛中對女性有著不合常理的期待?更令人擔憂的還有，女孩自己會不會也受到這類影視作品影響，爲了達成那種完美形象而努力?

本章節收錄了很多人心中的愛情聖典《戀夏五〇〇日》、堪稱近年最變態的愛情劇《安眠書店》、充滿爭議的《星際過客》，以及男性凝視始祖《迷魂記》，劇情千奇百怪，但都有一個共同點——片中的女性角色幾乎都是被動的，若不是沒有機會展現自己的思想，就是被迫壓抑自我、順從命運的安排。雖說這些角色可能只是好萊塢編劇的隨筆臆想，但是她們與現實生活中的女性處境太過相似，實在讓人驚訝。她們順從、認份認命、渴望被愛卻總是被動。男性對我們，或許眞的有些不切實際的幻想，但或許在冥冥之中，我們也受到了媒體、人們對女性形象期待的影響而不自知。

延續到本章第二部，討論的是「爲愛瘋狂主動出擊」的女子。她們往往被形塑爲「自戀自大」、接近反派，或是瘋瘋癲癲的形象，難免讓人產生「溫順被動的女孩就是好女孩，激進主動的女孩一定哪裡有問題」的想法。不論對錯，只希望試著解析，讓大家用不同的角度思考這件事。

親密關係也讓你感到恐懼嗎？

—— 戀夏五〇〇日 *(500) Days of Summer, 2009* ——

浪漫電影中，總能看到那麼幾個「瞎妹前女友」的角色，她們超級公主病、黏人又控制欲強，好像男友的世界得繞著她轉才行。她對男友的興趣無動於衷，也不想了解，她不在乎心靈上的交流，只想有個疼愛自己的男人。最終，男主角都會受不了這種瞎妹，跟她分手，然後遇到女主角，發現女主角才是眞命天女。至於前女友，就像個笑話一樣。

在戀愛經驗不豐富的青少年時期，我對男女情愛的想像大多還是來自影劇。看完這些電影，當下只有一種很強烈的感覺，就是「我絕對不要當那種女生」。

我對感情中的「女友角色」開始有個很明

確的想像：這個女生和男友要有相同興趣，脾氣很好不亂吃飛醋，打扮時髦同時也很端莊，不擅自將私欲強迫在他人身上——她是個「好女孩」，男生的夢中情人。

開始交男朋友後，我曾經要求自己要當那種「完美女友」，盡可能滿足並配合情人的要求，沒有個人私欲，只有體貼和關心，**也不求對方了解我的需求，因為我想要一段「完美的戀情」**。直到有一天，我發現自己不想再當這樣的女友了，我提出了分手，對方覺得莫名其妙、傷心欲絕。我也說不上來爲什麼想分手，就是不再在乎了。

看完《戀夏五〇〇日》，不知怎的，我把自己和女主角夏天聯想在一起了。故事以男主角的單一視角出發，夏天的內心戲少得可憐，觀眾對她幾乎一無所知。連旁白君都如此形容她：

> 夏天・芬恩是個女人，平均身高，平均身材，但有雙略大的腳。整體來說，她就是個普通女子。但對湯姆來說，在城內多達四十萬家公司行號、九萬一千棟樓中，他可以與夏天在同個辦公室相遇，這叫做命中注定。

夏天在各方面都平淡無奇，但只有在男主角的凝視下，她才顯得特別。不過，我莫名能感受到她的孤單、她的無奈、她那爲了自我保護的自私。

我想起自己也曾經傷透某個男子的心。我最愛的或許不是對方，只不過是享受因對方的迷戀而顯得特別的自己。對於那段關係，我要的不是相互扶持與成長，不求更進一步，對自己的內心世界有所保留，偶爾展現的軟弱不被同理，於是永久地把眞實的自己封閉起來，然後，回去繼續扮演完美女友。

回憶起來，在那任男友視角的故事中，**我可能也像《戀夏五〇〇日》中，讓人摸不透的夏天吧**。

《戀夏五〇〇日》是部風格難以定義的電影，雖然描述的是愛情，有激情甜蜜，有慘烈分手，卻少了浪漫喜劇標準的歡樂結局。整部電影看下來，有些黑色幽默和一點淡淡的惆悵，甚至一開始就直接破題，告訴你「這不是一個愛情故事」。

湯姆和夏天因爲工作而認識，他馬上被夏天獨特又清新的氣質吸引，在幾次約會之後，他便爲夏天神魂顚倒，覺得她就是自己的眞命天女。只可惜，夏天現階段不想要穩定關係，而且她也不相信所謂的「天生一對」。湯姆拚命想要說服夏天，自己就是那個「對的人」——即便他有時候搞不懂夏天的若卽若離、她看電影時的哭點，或是她對他敞開心房時所說的話。他只相信，兩人的關係是「特別」的。

《戀夏五〇〇日》是湯姆省視兩人關係的回憶跑馬燈。故事中的夏天像個壞人，不顧湯姆的感受，拒絕溝通，始終不承認兩人的關係，最後還和另一個男人結婚，是典型的「不是不想結婚，只是不想跟你結」的感情悲劇。湯姆從頭到尾一頭霧水，他是被始亂終棄的受害者，是夏天在騎驢找馬時的那隻驢。然而，當年許多觀眾都忽略了一件事：這部電影是從湯姆的敘事視角出發的。

如果你特別留意，會發現全片中，夏天幾乎沒有機會說出自己「想要」什麼，只能一直表達自己「不要」認眞關係。也或許，夏天其實有跟湯姆說過自己想要什麼，只是湯姆聽不進去，而從他的視角看故事的觀眾，也一起錯過了。

夏天眞的是無情自私的壞女人嗎？或許在面對同樣自私的湯姆時，她是。

多年後，飾演湯姆的喬瑟夫．高登．李維，會在受訪時表達自己對這部電影的看法。他表示，跟夏天比起來，湯姆其實更自私。他無視夏天不斷的自白，說自己還沒有準備好交男友；湯姆非但不去了解背後原因，反而不斷逼迫夏天承認兩人關係，因爲對他來說，夏天只是幻想的投射，而不是活生生的一個人。他一再無視夏天不想和他定下來的各種訊號，還一味將自己的情感強壓在夏天身上，彷彿只需要表達自己對她的迷戀，夏天就會跟他在一起似的。

但正如每段不得善終的戀情，男方和女方朋友們聽到的故事版本永遠不一樣，我們這些觀眾也很難從一部兩小時的電影判斷誰對誰錯。湯姆並沒有努力想走進夏天的內心，或許夏天也沒有給湯姆足夠機會。

兩人看電影時，夏天因電影情節感動流淚，湯姆想的不是爲何夏天會被劇情觸動，而是要她「別哭了，不就是電影嗎？」。在酒吧中遇到男子搭訕夏天、調侃湯姆時，面對夏天的尷尬窘迫，湯姆沒有先擔心她的感受，而是爲了逞英雄和對方大打出手。我們不難發現，整部《戀夏五〇〇日》其實都是湯姆的獨角戲。**夏天心裡到底怎麼想，他從未真正關心。**但夏天呢？她也逃避了親密關係中最重要的一環——展現弱點、學會依靠，她從未說清楚自己爲何流淚，爲何生氣。很有可能湯姆眞的不是讓她想敞開心胸的對象，也很有可能，夏天自己有些心靈障礙需要解決。

高登・李維直接下結論：「我覺得是湯姆的錯。」十年後的這番言論爲夏天大大洗白，畢竟好長一段時間以來，不少影迷都恨透了夏天。這名帶著水汪汪無辜大眼、愛起來卻帶著狠勁的女子，讓千萬網友想起那個對自己始亂終棄的前女友。

這部電影描繪的是片面的愛情，所以不能被稱作是一個「愛情故事」。片面或許不是事實眞相，卻是最接近眞實感受的一面，也最讓人隱隱作痛。作爲電影，《戀夏五〇〇日》非常成功地描繪了這一面的現實。或許從夏天的視角去描繪整個故事，湯姆也會是個讓人倍感壓力、不體貼的情人。

有時候，在愛情中被予取予求的那方，才是最害怕親密關係的。

夏天在片中幾乎沒有展露出個人欲望和親密需求，彷彿只是在跟湯姆玩情侶家家酒，落入了男性凝視的圈套。她終於發現，在這段關係中她不知道自己想要的是什麼，所以退出了感情，這反倒讓她成爲壞女人。**我們有時候不敢軟弱、不敢任性、不敢發脾氣，這不是因為很愛對方，只是不想面對隨之而來的更進一步**。完美女友終究不存在，因爲眞正的愛，是即便見識到對方的醜陋與瑕疵，依然願意與他相守。《戀夏五〇〇日》探討的，可能也不是戀情中的誰對誰錯，而是要我們正視自己內心的軟弱，和未解開的親密關係恐懼吧。

小心感情中的編劇家

—— 安眠書店 *You, 2018-2019* ——

「嘿，你還不認識我，但我知道我們是天生一對。」

《安眠書店》帶領觀眾進入變態跟蹤狂的內心，從男主角喬的視角，描寫他與女主角貝可之間，病態且窒息的戀情，尺度大開，一舉窺探「爲愛瘋狂」的最高境界有多瘋。爲了貝可，喬殺人、跟蹤、偷竊，甚至最後開始操控貝可。意外的是，本劇開播時，網路上的討論完全不在於喬有多變態，而是飾演喬的潘．班傑利有多麼帥氣迷人，這種充滿個人魅力的反派角色，居然獲得不少網友的支持；起初我也忍不住檢討起自己，竟然莫名對這樣變態的劇情感到滿足。後來發現，觀眾之所以「喜歡」劇中本應是反派的喬，其實有很大的原因在於女主角貝可讓人難以同理，即便這個角色並不扁平，她有她的創傷、過去、心理問題。問題到底出在哪？

創作歌手瑪姬．林格曼有一首膾炙人口的熱門金曲〈Pretty Girl〉，其中有幾句歌詞是這樣唱的：**「我不只是一張照片，或一串你搜尋到的數字，我是別人的女兒、姊姊、情人，我不只是一個漂亮女孩。」**不但唱出Z世代女性的焦慮，也展現了網路時代下，女性更容易被物化的現象。對陌生人而言，你真的就只是一張照片、一個演算法推播的正妹，你的追隨者不需要認識你，他們只想看你的顏值。然而，瑪姬．林格曼也唱出了女性擁抱自我力量的意識——那就是你自己要先清楚知道，你不只是一張照片、一串數字、一個漂亮女孩。

初次看《安眠書店》，我也不喜歡貝可。她容易受人左右、充滿不確定，無法爲自己的人生拿定主意。她有著看似精采的社群帳號：瑜伽、美宅、與富婆朋友深夜小酌；但現實生活中的她，卻幾乎負擔不起昂貴的房租，還得超時工作才能勉強度日。正是這樣的軟弱和缺陷，讓她博得喬的關注。喬深信自己就是最適合貝可的男人，因爲他知道可以怎麼「幫助」她。

畢竟全劇以喬的視角出發，因此我們看到了片面的貝可，我們只能看到她有些原生家庭問題，有戀父情結、缺乏自信、容易被朋友影響，還似乎常常愛上會糟蹋她的壞男人，確實有很多需要修補之處。但貝可眞的需要一個身穿盔甲、騎著白馬的王子出面拯救嗎？

在喬的劇本中，她需要。

畢竟她是那麼地不知所措，搞不清楚人生方向，以至於她需要一個全知的、高高在上的上帝，來替她安排她的命運。喬的上帝視角賦予他權力，闖入她家竊取她的私密衣物、偷看電腦、跟蹤她日常作息、監控她的交友——她有個配不上她的男友該怎麼辦？沒關係，把他除掉卽可。沒什麼大不了的，反正這些行爲都是以愛之名。

撇除本劇探討的精神疾病問題，喬的諸多行爲其實就是控制狂情人，只是他的武器不是情緒勒索或貶低情人的言語暴力。他用溫柔關愛，細細灌溉貝可這株嬌嫩的花朵，潛移默化地影響她，期許她長成自己理想中的模樣。他是一流的劇作家，在他的劇本中，不允許任何人脫稿演出。

喬對貝可的自以爲是，一部分也是在性別期待下反映的結果，畢竟當男性認爲自己有義務「照顧」、「保護」另一名女性時，在這樣的照顧者身分下，就有可能陷入自認比對方更知道「怎樣對她比較好」的迷思之中。像貝可這種有自我認同障礙的迷惘女子，恰好成爲展現雄性權威、投射英雄幻想的最佳對象。

對喬來說，貝可並不是眞正的戀愛對象，而是某種欲望的宣洩，這種欲望已經超乎性欲和情感連結，而是一種自我達成、自我證明。他需要「被需要」，這樣的欲望被他誤判成了愛情。事實上，誰都可以是這樣的對象，貝可只不過是恰好走進他書店的倒楣鬼。

回到貝可被許多人討厭的這一點，對她的罵聲多集中在這角色平凡無奇、總是在討好她那群爛朋友，還有劈腿的壞習慣。觀眾在她身上看到太多瑕疵，所以比起變態跟蹤狂喬，部分觀眾反過來譴責貝可，認爲她本來就不值得好對象。可是在現實生活中，不知道自己要的是什麼、渴望他人認同、對一段關係感到有壓力而出軌……等等，卻是每個人身上常見的問題。**或許人們並不是因為真的認為貝可哪裡罪不可赦才討厭她，而是因為，她反映出了那個我們不想承認的自己吧。**

雖說全劇都是以喬的旁白在支撐劇情，但其中一集也以貝可的角度出發，解釋了她的家庭問題。原來，她的原生家庭不怎麼圓滿，父親離家後與他人共組家庭；長大後，她非常希望可以得到父親的關愛，但父親總是無法給她符合期望的回饋。缺乏父愛導致她有強烈的戀父情結，常常愛上跟父親類似的男性，然後又進入另一個被折磨的輪迴。

若今天故事從貝可的視角出發，揭露戀父情結背後的心理運作，以及戀愛中的她是如何看待那些男性，我們是否就比較能同理貝可？貝可的故事顯然可以更加豐富，但在喬的「看護」下，貝可的心魔沒有得到治療，只是被壓抑。

雖然《安眠書店》中，喬與貝可的關係是某種極端。但現實的感情中，誰沒有過太夢幻的想像，或是將理想投射到另一半身上的經驗？一不小心，我們每個人都可能是感情中的編劇家。唯有掌握自己的劇本，才能免於被竄改後還渾然不知的命運。

我們不需要騎著白馬的王子出面拯救。

戀愛的道德難題

——星際過客 *Passengers, 2016*——

我很難忘記在戲院看完《星際過客》後，那種由內心而發的惡寒。當時我憤而望向身旁也有在寫影評的男性朋友尋求共鳴：「不覺得這結局很糟糕嗎？美化太多事情？」令人訝異的是，他並不這麼覺得，反而十分理解片中男主角的處境，對於片中男主角因一時私欲破壞女主角的夢想，還在最後一刻被塑造成英雄的劇情也沒什麼意見。從那時起，我忍不住想，究竟是男性本性自私，還是我誤會了些什麼？

時隔多年，《星際過客》依然是我心中難解的謎，每每提起，我都不禁情緒激昂，因爲我始終找不到解釋這部電影讓我不舒服的眞正原因。直到又過幾年，多了一些人生體驗，決定提起勁再看一次這部曾是我心中「影史最可怕恐怖片」的電影，才終於更了解了一些事。

這部電影描述的故事是這樣的：

在未來世界，人類開始移居其他星球，一艘名爲阿瓦隆號的太空船載著五千名冬眠狀態的地球人，預備在一百二十年後抵達「家園二號星」。然而，途中太空船遭碎石撞擊發生故障，其中一個冬眠艙意外被開啟，男主角吉姆醒來後發現自己無法回去冬眠，只好認命，開始在太空船上獨居生活。一年後，寂寞的他瀕臨瘋狂，決定違背道德，開啟陌生女子奧蘿拉的冬眠艙。

第一次看《星際過客》，比起同理男主角的孤獨，我還是將自己帶入奧蘿拉多一點。身爲作家的她想體驗不同的人生，懷抱著記錄不同星球故事的夢想，搭上了阿瓦隆號，這個夢想卻因他人私欲被破壞，還在被欺瞞的情況下愛上了加害人。最可怕的是，她別無選擇——在漫長且孤寂的星際旅行中，出自與人連結的渴望，她必須如此，而吉姆就是她唯一的出口。從此，奧蘿拉存在的使命只剩下愛眼前的男人。

成為被迫為愛而生的女人，多麼恐怖啊。

同樣身爲女性，我對奧蘿拉的處境不由自主感到憤慨，畢竟我們生來就被教育要「找個人好好疼惜你」、「找到眞愛」，卻從未被教育要「找到自己存在的使命」。奧蘿拉曾經有使命，她有遠大的抱負，她想體驗星際旅行並踏上不同星球，她想用文字記錄下這一切，成爲先驅。然而這些理想，在吉姆打開冬眠艙的那一刻全化爲泡影。這讓我忍不住聯想，這個劇情是否在暗示，愛情就是女人的死穴？暗示不管是再怎麼有理想、有抱負的女子，都難逃這樣的宿命？宿命張牙舞爪襲向奧蘿拉，譏諷著她的美夢，就算她不渴望愛情，也得屈服。

回歸到電影本身，我們都得先認清這件事：**就算我們都需要愛情，也絕對有權選擇自己想要怎樣的戀情**。所以，這段關係打從一開始就是錯的，不是奧蘿拉想要的。

「這根本是謀殺。」

在發現眞相後，奧蘿拉使用最尖銳的字眼，滿懷憤恨地痛斥吉姆的惡行（我只能同意，換作是我，也會恨吉姆。在她闖入吉姆房間痛打他一頓洩恨時，我巴不得幫她補踹幾腿）。但無奈的是，他們依然只能是彼此的唯一陪伴，奧蘿拉只能跟吉姆維持著井水不犯河水的半共生關係。但吉姆事後的做法，卻是強迫她聆聽自己有多麼逼不得已、多麼孤單，電影看到這裡，難免覺得吉姆這個人只有自私了。

但自私豈不是人類的本性？爲了生存，誰沒自私過那幾回？爲什麼吉姆的自私，在這部電影中看起來特別罪不可赦呢？

是的，吉姆並不完美，他坦承自己喚醒奧蘿拉純粹只是私欲；但奧蘿拉也不完美，她一時也無法同理吉姆的孤寂和無助，她的心中一度只有恨。若之後故事多一些探索吉姆如何學會與自己的愧疚和解、奧蘿拉如何理解孤獨，兩人的旅途或許會往更好的方向發展。可惜的是，電影反而轉移焦點，讓兩人共同經歷一場星艦毀滅級的大災難，試圖用「共患難使兩人產生了眞正的羈絆」這種劇碼說服觀眾。奧蘿拉意識到自己不能沒有吉姆，拚了命也要把吉姆帶回身邊；但看到這裡，比起忠貞不渝的愛，只讓人感受到奧蘿拉的絕望了：

這女人眞的別無所有了，她寧願和這個毀了她一生的男人廝守，也不願一人在太空中遊蕩，孤老而死。

結局如此收尾，難免給觀眾一種芒刺在背的不適感，畢竟《星際過客》的題材還有更多討論空間，像是，如果兩人的關係是相互的命定，又會是什麼狀態？其實電影早已暗示奧蘿拉是個難以被愛、總是對現狀不滿，渴求改變的女子，如果接下來劇情描寫她在星際旅行中，終於與眞愛吉姆相遇，而不是以她無法接受、違背道德的方式強迫開始這段關係，這樣的探討會不會更有趣？這部電影也能因此逃脫男性凝視的指責，讓觀眾將焦點放在劇本想討論的道德層面：

為了愛人與被愛，我們願意屈身到什麼程度？

面對另一半的嚴重瑕疵，我們該如何面對？

如果電影從奧蘿拉的視角出發，或許就能讓劇情往這方面發展：

奧蘿拉從冬眠中提前甦醒，發現自己並不是孤身一人。在孤寂的星際旅程中，她不禁愛上了這個陪伴自己的陌生人，她心想，雖然失去了夢想，仍獲得了在地球上從未體驗過、眞摯的愛情——直到她發現愛人一直以來隱瞞的眞相。

這樣的切入角度，是否能幫助我們更理解兩個角色的羈絆，也更好奇吉姆過去的經歷呢？

畢竟我們看到的版本，是吉姆一廂情願地認爲奧蘿拉就是他的眞命天女，讓她被迫與自己在一起。若電影加入更多的女性觀點，描寫奧蘿拉是如何眞正理解吉姆的好，一步步墜入愛河，之後卻發現眼前的愛人對自己犯下的惡行——這種糾結遠比本來的劇情更人性化，也會真正促使我們去反思吉姆的迫不得已。

除此之外，如果吉姆在拯救星艦的過程中不幸喪命，真的留下奧蘿拉孤身一人，在宇宙遊蕩多年以後，或許她終能理解當初吉姆的孤單寂寞。至於她是否也會去打開另一個人的太空艙？這就是另一個故事了。

女人做自己，反而沒人愛？

—— 迷魂記 *Vertigo 1958* ——

談到電影業針對女性的男性凝視，不得不追溯回「古典好萊塢時期」。當時，好萊塢正要蓬勃發展，整個產業才沒在理什麼貝克德爾測試、#Metoo運動，因此女星在電影中淪爲花瓶合情合理；如果在片場遭遇性騷擾，大概也不奇怪。

這時代的電影，只要主角是男性，那麼片中另一名女主角有大半機率會是他的戀愛對象。從男性出發的視角下，這些女性角色時常缺乏自己的聲音。她們在片中往往被動（男性才是主動的一方）、有雙面人特性（難以捉摸）、充滿距離感或是有些架子（等著被征服），要不就是哪裡有問題（歇斯底里或是出身卑微），需要男主角去「解救」她們。接下來，我想聊聊恐怖大師希區考克的《迷魂記》，因爲這部片剛好就是男性凝視的絕佳範例，甚至稱得上極致。本片男主角對女主角的執念之深，讓其他電影中的男性凝視都相形見絀。《迷魂記》全片建構在男主角史考堤對女主角瑪德琳的迷戀之上。史考堤受舊友所託，跟蹤他行蹤可疑的妻子瑪德琳，卻在跟蹤途中不小心產生了感情。電影開始四十五分鐘左右後，瑪德琳才第一次開口講話，在這之前，我們都只能看到史考堤跟蹤視角下的瑪德琳——她的美貌、她的瘋狂與神祕、她眼神中不明的憂鬱與高冷氣息，這些都深深吸引著史考堤。沒有意外，他愛上了她，而她竟也欣然接受了他的愛。我們不需要了解瑪德琳的喜好、優缺點、個性，以及她爲何會愛上史考堤，她就是那樣無欲無求，只想要男主角的愛，男主角是她的救贖。

在史考堤窺探瑪德琳的鏡頭手法中，似乎也在暗示她是觀賞用的女神。花店中的瑪德琳挺直著背，優雅地來回行走，像極了走台步的模特兒，彷彿時時在擔心自己哪個角度被看得不夠淸楚。鏡頭帶到她那套俐落的灰色套裝、梳得整齊的金色盤髮、喀喀作響的高跟鞋。這些畫面深深烙印在史考堤以及觀衆的腦海中。

相較於夢幻的瑪德琳，片中另一名女性角色蜜吉是更平易近人的。蜜吉是史考堤的好友，也是曾經的訂婚對象。兩人了解彼此的個性和生活，可以鬥嘴可以談心；暗地裡，蜜吉仍偷偷愛著史考堤，比誰都擔心史考堤的創傷後懼高症。相較之下，蜜吉更像是活生生的女子，但可惜，顯然平易近人又貼心的性格並不是構成夢幻情人的必要條件。**在電影中，像瑪德琳那樣冷冰冰、看不透內心的美貌女子才是男主角所求。**

諷刺的是，瑪德琳這過於平面的角色，在片中還確實不是「眞人」。瑪德琳「自殺」後，電影揭露瑪德琳原名茱蒂，是史考堤的朋友雇來上演假自殺的演員。史考堤被朋友和茱蒂擺了一道，他深陷在瑪德琳死去的自責中，殊不知自己愛上的瑪德琳只是幻影；曾與他有肌膚之親的茱蒂，根本還好端端活在人世。

失去「瑪德琳」的史考堤陷入瘋狂，得了重度憂鬱症，直到某日他撞見活蹦亂跳的茱蒂，才終於找回了生活的動力與依偎。

電影急轉直下。

對史考堤早就動了眞情的茱蒂當然不敢坦白，只好順著史考堤，又陪他演另一場戲，任由史考堤把自己打扮成瑪德琳的樣子，以彌補他對瑪德琳死去的愧疚。茱蒂終於意識到，史考堤根本不會愛上眞正的她，他愛上的人「瑪德琳」，早已隨著陰謀眞正死去。然而深陷在戀愛中的茱蒂無法抽身，她撕心裂肺地說：「如果我照你想要的去做，變成你想要的樣子，你就願意愛我了嗎？」

於是茱蒂變身為瑪德琳，徹底放棄了自我。

瑪德琳這個虛構角色獲得全部的愛，茱蒂和蜜吉這兩個活生生的女人反而無法得到史考堤的關注，多麼可悲。《迷魂記》的驚悚莫過於此。但更恐怖的是，戲外故事也同樣精采。回顧大多數希區考克電影，總是要有個金髮高冷的女郎，因為這名大導演出了名地喜歡控制女主角的外型。每位試鏡的女星都得被他改造成金髮冰山美人的那種形象(因此有人說，史考堤這角色是他個人的投射)。另外，他如果生在現代，也絕對會是 #Metoo 運動的肅清對象之一。過去時常流傳希區考克在片場虐待、性騷擾女星的醜聞，最著名的就是被《鳥》的女主角蒂比．海德倫指控希區考克在拍攝期間對她進行性侵。但當時整個好萊塢風氣就是這樣，希區考克畢竟還是希區考克，他在恐怖電影類型的成就依舊受到讚揚，女星們無能為力。

希區考克女郎不論是戲裡戲外，都注定要被懲罰。

正如《鳥》中的蒂比．海德倫被數十隻海鷗攻擊的慘狀，我們見到《迷魂記》裡飾演茱蒂的金·露華，也被要求不斷跳海，直到體力耗盡，希區考克才願意喊卡。她角色最後的命運，當然也是悲劇收尾。

史考堤發現茱蒂欺瞞自己後氣瘋，帶她回到瑪德琳摔死的教堂，逼她還原命案現場，過程中自己反而克服了懼高症，茱蒂卻失足而死。這難免讓人聯想：命運是在嘲笑她活該，女人就是充滿心機又善於說謊、就是要傷純情男的心；而女人所製造的情關，只是幫助男人成長突破的契機，事後就不再被需要了。反正男人總能找到下一個投射幻想的對象。

最後史考堤從夢中醒了，茱蒂卻摔死了，難免讓整部電影有種「有毒害的男子氣概」(toxic masculinity) 陰魂不散的氛圍。

不過，《迷魂記》想闡述的大概是人們愛欲交織的執著，反而造成毀滅性的結果。有時候你以為是愛情，不，一切只是幻想；有時候你以為被愛就等於幸福，卻搞錯了愛的定義。瑪德琳是虛構的，活生生的茱蒂才真正體現了什麼叫愛到卡慘死。男人逼迫她，她卻爲愛欣然接受，反映著有時我們即使遭遇了情緒勒索的恐怖情人，也不見得能馬上脫身的現實。史考堤與茱蒂都各自沉浸在幻想中，證明男性凝視或許是有毒關係的開端，卻不是製造不幸的唯一原因。

我就是要為愛而活

爲愛瘋狂的女子都在想什麼？

相信每個人身邊一定都有那麼幾個狂熱女子，一談戀愛就人間蒸發，生活變得只繞著伴侶轉，願意爲愛赴湯蹈火。她們的熱情往往來得快去得快，但當下總是義無反顧。

身爲一個連談戀愛都很自律的理性派，我曾經不了解這些在光譜另一端的女孩子，甚至質疑，究竟愛情是否值得她們如此掏心掏肺？答案或許沒有人知道，不過我能確信的是，戀愛當中的她們，總是比誰都還閃耀；或許幸福對她們來說，不一定是戀情開花結果，而是那個百分之百貢獻的自己。我們往往會欣賞那些追求理想毫不囉唆的行動派、築夢踏實的夢想家，卻不太欣賞爲愛情不顧一切的人。可能是因爲大多數人認爲，抱有太多情感是軟弱、不理性的，所以無法認同。但奇怪的是，就如同我們需要物質和糧食來滋養生活，精神也需要被滋潤啊！爲何理性地追逐理想值得受讚揚，但追求精神上的滿足就得遭受質疑呢？

暫時先不討論爲何影視作品中爲愛瘋狂的角色常常是女孩子，我認爲光是從女性角色的感情觀出發，就已經有足夠的探討面向。本章選出的幾個角色中，除了《小美人魚》的艾莉兒，其他幾位角色都普遍被認爲是「有缺陷的」(甚至患有醫生認證的精神疾病)；然而當我重看這些電影，仍然忍不住反問，究竟是她們太瘋，還是有病的其實是這世界？

我們憑什麼去定義什麼是正常，怎麼愛人才對？小丑女的瘋狂來自於對世界的憎恨；《亂世佳人》郝思嘉的殘酷，則是因爲要武裝自己。這些愛瘋了的女子挑戰傳統，無拘無束，卻被特定年代的社會風氣定義爲邪惡的女人。曾經我無法理解，如今倒有點羨慕她們能誠實面對心之所向的勇氣，也大概懂了爲什麼現代社會一度吹捧這樣的「壞女孩」形象。

她們做自己，不畏他人眼光，不怕被認爲難相處，想要什麼就去奪取。透過她們，女性得以釋放長期被壓抑的野性。一旦陷入戀情，她們的情感更有種蕩氣迴腸的霸氣；比起聽閨蜜耳提面命不要對渣男暈船，她們寧願爲戀愛中的自己陶醉。

「原來走出失戀需要的勇氣，不如陷入一段認真的戀情。」看著這些角色，我不禁如此聯想。

為愛而生是壞事嗎？

—— 自殺突擊隊 *Suicide Squad, 2016* ——

每個人身邊一定都有那麼幾個，談起戀愛能爲戀人赴湯蹈火的朋友。他們在一段關係中給予的愛比較多，因此常常認爲自己「處於下風」；但戀愛又不是比賽，兩個心靈契合的人一起生活，爲什麼一定要分誰愛誰比較多呢？愛人的本意，在於活出生命的多樣性、體會不同層次的情緒與心靈，不是嗎？翻開社群媒體，看到的是各種「渣男教戰手冊」、「如何確信對方是否愛自己」、「怎樣不暈船」的兩性教學文，讓人感慨現代人的內心就是如此脆弱，永遠得把自己保護到最好，**先確定自己能把對方吃死死，才願意放開去愛，這樣的戀愛，多辛苦啊。**

容易愛上人、樂於付出、浪漫樂天等等

特質，不知道從什麼時候開始，變成了軟弱的象徵，人們對自己的情感有所保留，創造了一個眞愛難尋的世界。這樣想想，是不是對那些仍願意爲愛付出許多的人有點敬佩了呢？

二〇一六年，DC宇宙推出了《自殺突擊隊》，其中有個角色引起熱議：慘白的肌膚加上遍布全身的刺青，把稚氣的雙馬尾駕馭得性感無比；身穿超級熱褲和緊身上衣，把壞女孩形象放大到極致，她美麗、強大、又瘋狂，她是小丑的情人——「小丑女」哈莉奎茵。

《自殺突擊隊》中，小丑女這角色初次在DC電影登場，從此成爲觀衆最愛的女性反派角色，上映當年還造成萬聖節派對全場小丑女的空前盛況（亂象？），可見她的人氣多旺。妙的是，小丑女並不完全符合政治正確的女力形象，在電影中，她是小丑的附屬品，連外套上都寫著大大的「Joker's Property」（小丑的財產）；她一心只想跟小丑結婚，小丑卻視她爲玩物。

「你知道『哈莉奎茵』是什麼意思嗎？『哈莉奎茵』的意思是服侍。」

哈莉奎茵這個角色，爲什麼可以引起廣大觀衆共鳴？有人認爲是因爲她的瘋狂、她的性感，但絕大部分觀衆可能都是因爲，小丑女讓人想起了那個曾經爲愛陷入太深的自己，以及慘痛的感情回憶。小丑女就像失戀後不死的烈火鳳凰，儘管有些狼狽，還是活得很有態度。

哈莉奎茵成爲哈莉奎茵之前，她是哈琳．奎澤爾，一個在阿卡漢精神病院工作的心理醫生。在我們理解的版本中，是戀愛使她瘋狂，她卸下象徵社會教條與理性的醫師白袍，成爲小丑的犯罪夥伴兼情人。她爲他犯下無數罪行，任由名聲腐敗、生活失序，只要能討小丑開心，她就心甘情願。

以修有博士學位、曾是心理學權威的知識分子來說，這樣的際遇似乎太過糟蹋，這也成爲哈莉奎茵令人感興趣的原因。畢竟，這樣一個受過高等教育的大美人，居然會和犯罪分子狼狽爲奸，成天裝瘋賣傻。卽使哈莉不說，我們也都看出她有很多故事了。

小丑女和小丑的關係，當然不是「叛逆少女愛上流氓，就此浪跡天涯」那樣簡單。在漫畫《哈琳》(Harleen)中，第一次完整詮釋了她的背景故事，她的所有行爲也都被賦予了進一步的意義。在成爲小丑女前，哈琳．奎澤爾是個想改變世界、懷才不遇、對犯罪心理很有研究的心理學家，她主張透過科學研究，預先找出天生有反社會傾向的人，進一步預防犯罪。然而她的研究不被看好。

哈莉的野心反映出她對生命的強烈執著與熱情，或許對哈莉奎茵來說，一切從來都跟情愛無關，她只是個對生命充滿熱愛的女子，無奈的是，憑一己之力無法改變世界。她將自己對小丑的迷戀，化爲神聖的情操，利用愛情宣洩自己對世界的不滿。犯罪不僅是她示愛的方式，更是她對這世界的報復。不再繼續當改變社會的理想主義者，她要當浪漫主義者，小丑最瘋狂的情人。

在這個官方設定輔助下，小丑女確實更讓人喜歡了。有人說她傻，她不是傻，她只是誠實地表達所愛。

番外續集《小丑女大解放》中，小丑女與小丑分手了，曾經爲愛瘋狂的哈莉奎茵，居然沒有因爲失戀，澆熄了對生活的熱忱，也沒有因此找不到自己的存在意義。她反而選擇自立門戶，召集了猛禽小隊——原來我們都誤會她了，**她才不是什麼愛的附屬品，她是「愛」本身**。看著眼前這位看似混亂、卻活得精采的哈莉奎茵，我們還能說爲愛而生是件壞事嗎？

為了你，沒有聲音我也不怕

—— 小美人魚 *The Little Mermaid, 1989* ——

「簽下這份合約，你就能獲得人類的腳，但行走時你會痛如針扎。而且你必須在三天內讓王子愛上你，否則你將會變成泡沫，永遠消失。對了，這三天你都不能說話。」這合約怎麼看都不值得，但人魚公主還是簽了。哪怕冒著會變成泡沫的風險，只要能和心愛的王子多相處一分一秒，她就心甘情願。

王子最後愛上了別人，決定娶另一個女人爲妻。人魚公主的姊姊擔心妹妹，跑去和女巫交易，用長髮換來了一把匕首，只要刺進王子的心臟，就能解除妹妹的詛咒。公主不忍對愛人下手，最後依然難逃化爲泡沫的命運。

《小美人魚》創作於十八世紀，故事不斷傳唱至今，儼然已是悲劇愛情的標準範例：「我愛的人不愛我跑去愛別人，別人幸福的要命，只有我遍體鱗傷。」這樣的故事情節明明聽起來像是歹戲拖棚、氣死人的五十集八點檔，卻能引起廣大讀者共鳴。我忍不住納悶，**人們為何總會墜入沒有回報的戀情之中，甚至對不愛自己的人義無反顧呢？**雖說《小美人魚》終究只是寓言故事，仍然道出了爲情所困者內心最深層的恐懼。

當我們投入一段無果的戀情，好像眞的都變得像故事裡的小美人魚一樣，是無聲的。我們忘記怎麼表達自己的要求，讓世界繞著愛人轉，戒愼恐懼地將對方捧在手掌心，深怕出一點差錯就會失去那個人，於是「自我」一點一滴地消失殆盡。

兒時閱讀《小美人魚》，我以爲故事中的人魚公主是某類型女子特有的戀愛型態。「眞傻呀，明明知道王子不愛自己。」心中不禁下了這樣輕率的註解。直到長大後，淸楚童話寓言必有其背後意義，也因爲自己曾經爲愛痛苦掙扎，才知道，原來這樣的戀情並不見得只能套用在一廂情願的單戀中——反而是大多數戀愛的寫照。

事實上，曾有不少認眞研讀安徒生童話的學者，依據他的私人生活，對《小美人魚》及其他著作做出了相當有意思的分析。這名才華洋溢的作家終身未婚，卻是浪漫得不得了，在他一生衆多的書信與筆記中，可以看到他曾對多名異性闡述愛意，而這些戀情全都沒有結果。寫出浪漫童話的作者是個多情種，這可能不算特別，學者們在意的是，安徒生撰寫的這些書信中，也有部分是給男性友人的。然而，信中的用詞與過從甚密，怎麼看都不像是「純友誼」。在當時封閉的社會風氣下，他的家人朋友或許爲了保護安徒生死後的名譽，選擇對他的同性戀傳聞避而不談，因此如今已不可考。但經過一些神聯想，學者發現在安徒生多達一五六篇的文學著作中，眞正描述男女感情的大約只有十三篇，其中大多是以悲劇收尾。

所以，這一切又到底跟《小美人魚》有什麼關係？部分學者相信，這部童話故事與安徒生的意中人愛德華．科林公爵有關。在他的個人書信中，安徒生曾描寫自己是如何迷戀這位公爵，並提到「我對你的情感就像是對一名女人一樣」，直接提示了他對公爵的感覺不是友誼，而是愛情。然而在單戀多年後，愛德華．科林最終還是娶了另一名女子。一年後，《小美人魚》的故事就誕生了。確實，往這方面想，人魚公主的處境與同性戀者類似，他們無法爲自己發聲，他們時常愛錯人（不願出櫃的對象，或是異性戀對象），導致他們付出的所有愛意都化爲虛無，最後陷入抑鬱、無止境的悲傷。

《小美人魚》以悲劇收尾，爲愛情下的定義較爲負面，但明顯能看出這是安徒生對愛情的親自體驗——人生所有戀情都無果。**確實，我們每個人都在愛情中受過傷，但這也不代表，愛了就一定得面臨跟人魚公主同樣的命運。**

時間來到一九八九年，迪士尼動畫版《小美人魚》證明了這不見得只是帶著悲劇色彩的愛情故事。本片的人魚公主艾莉兒擁有不少正面的人格特質：她充滿行動力，喜歡天馬行空的幻想，不安於現狀，渴望改變。她對所有的未知都保有好奇心，而一旦她愛上了，就要毫無保留地去追求。

艾莉兒自幼被父親緊緊保護著，但這並不影響她去探索未知，反而更加重她對人類世界的好奇。王子的出現，在片中只是壓倒駱駝的最後一根稻草，讓她更加確定人類世界有她想要的「人」。只不過，比起浪漫，動畫版其實更著重在這角色的離經叛道和勇於逐夢的特質，我們不免聯想：今天在岸上的若不是一名王子，而是其他事物，艾莉兒是不是也會做出相同的選擇？

艾莉兒第一次高歌主題曲〈Part of Your World〉時，已充分表現自己對人類世界的渴望；第二次她爲了王子而唱，少了第一次的高亢，多了幾分戀愛少女的柔情。**戀愛本身就是人生的調味劑，即使有時帶著苦澀，還是為生活增添了層次和趣味。**

雖然這也是在故事被改編爲快樂結局的前提下所做的註解，現實生活中的愛情總不如電影美好，但這依然沒有阻止我們去愛。可以說，這種爲愛奮不顧身的特性，似乎與生俱來就被上帝寫進我們的DNA中。

「爲愛變成一個傻子並不可恥。」每次看著迪士尼版本中如此正向美好的人魚公主艾莉兒，我總是會這麼想。在強調不要局限想像力、達成夢想有多麼美好的迪士尼電影中，這角色傳達出來的訊息或許不是「我們要爲愛失去聲音」，而是「當你有想要的，就去追吧」。追逐所求的路上總有傷痕，當化爲了童話或電影，時而淒美，時而啟迪人心，時而引人發笑。愛情是如此，夢想亦然。

為愛變成一個傻子，並不可恥。

為了追回前男友，飛越整個北美洲也只是剛好

——疯狂前女友 *Crazy Ex-Girlfriend, 2015-2018*——

起初看《瘋狂前女友》，還以為是單純的浪漫音樂劇，看到後面才發現探討的是心理疾病。從憂鬱症、焦慮症，延伸到感情中基本的信任問題與承諾問題。當年看這部劇的自己，正處於感情不太穩定的狀態，隨著劇情推動，我也跟女主角一起反思自己的內心。剛開始雖然痛苦，但經歷反覆的自我審查，並尋求專業幫助後，狀況漸有好轉。我可能依然不是一個完美的情人，但至少，我可以好好愛人了。如今回憶起來，還真的得感謝這部劇，如果沒有看到蕾貝卡．邦奇這段奇妙的心路歷程，我可能完全不會察覺自己其實也有這麼多未解心病。

這部美劇描述得天獨厚的女主角蕾貝

卡·邦奇，她擁有甜美的外型和高智商，自幼成績就名列前茅，總是能如願進入第一志願。她擁有哈佛、耶魯法學院高學歷，畢業後也進到紐約一流的律師事務所工作，領著高薪，生活優渥。她複製其他受高等教育成功人士的軌跡，一路前進，但她從來都沒搞懂自己到底快不快樂，直到扭轉命運的預兆出現。

國中時和她一起參加夏令營的短暫男友陳喬許，在十多年前狠甩她後，再次在紐約街頭與她偶遇。喬許說自己在紐約的生活不怎麼樣，打算回到自己位於加州西科維納的家鄉打拚，說那裡比紐約好多了，至少生活在那裡很快樂。「快樂」這個詞觸發了蕾貝卡的瘋狂開關，她不知怎麼地說服了自己：只要跟隨喬許，說不定就能獲得眞正的幸福。她馬上辭去工作，橫越整個北美，來到西岸的加州，想盡辦法要追回喬許，卻發現他早有一個交往多年的超辣女友。蕾貝卡沒有因此氣餒，只要能留在喬許身邊，好像就能離幸福更近一點點。

整部影集我們都在看蕾貝卡用盡千方百計要贏回喬許的心，荒謬搞笑之餘，隨著劇情進展，我們也開始感覺到「有哪裡怪怪的」，因爲蕾貝卡的行爲完全異於常人。一般人血液裡的浪漫因子再怎樣猖狂，也不至於會爲了追求只交往過一個暑假的國中男友，就放棄高薪工作，直接飛越整個北美吧。

蕾貝卡爲了燒掉前男友的物品，還順便燒了整間房子；她調查他現任女友的工作班表，只爲把握和他見面的時間；擅闖民宅就爲了刪掉某則不想被他看到的訊息……各種偏差的行爲，都是直接告訴觀衆，劇名《瘋狂前女友》中的「瘋狂」可不是在開玩笑。蕾貝卡．邦奇，這個女孩子看似活潑可人，其實有很多心理問題，而她的失控言行，則是發自內心的求救訊號（劇中診斷爲邊緣性人格障礙）。

影集前半部都只像博君一笑的浪漫喜劇，看蕾貝卡如何追愛；到了後半，進入角色內心的陰暗面，開始挖掘她的痛苦根源。蕾貝卡的父親因外遇離家，她自幼在缺乏關愛的家庭長大，導致她將這樣的不安全感、缺愛情結投射到每一段戀情中。她總是在追求不珍惜她的男人；越是被拒絕，她越像飛蛾撲火般投入戀情。對心靈失衡的她來說，戀愛本來就是極度危險，但她總是不由自主地墜入戀情。每一段戀愛，都充滿自毀的前兆，因爲她自己對愛的定義就不健全。

飾演蕾貝卡、同時也是節目製作人的瑞秋．布魯姆表示，本劇除了揭露女主角的心理問題、探索心理疾病，也試著詮釋每個人在戀情中最極端黑暗的一面。在愛中，我們沒有安全感，我們勒索情人，甚至有時不惜傷害別人，影集映照出讓人省思的兩種方向：「我究竟是

因為愛情才瘋狂，還是因為瘋狂才墜入愛河？」藉此警惕在感情中總是困難重重的人們，除了省視自己的心靈問題之外，也以浮誇至極的敘事反映出我們在戀愛中最猙獰的面貌。

整部音樂劇的表現方式，都突顯了像蕾貝卡這樣的女生談起戀愛到底有多戲劇化。劇中的歌曲〈Love Kernels〉正是她在戀愛時最血淋淋的表現。歌詞唱出和喬許談戀愛時的自己是如何渴求對方的愛，即便對方小小的善意、一封半夜傳的訊息，都可以擅自解讀爲有機會與他共度今生。她自喻是沙漠中的仙人掌，努力把握每次獲得水分的機會，並儲存起來，才不會渴死。這些水分都足以讓她說服自己，對方就是眞愛。

以上行爲看似瘋狂，實則反映在普遍的戀愛關係中，相對缺少安全感的一方會有的模樣。閒下來時，狂滑自己和對方過去的訊息；每次約會結束，努力回想兩人相處的所有細節，試著找出對方也瘋狂愛著自己的所有證據——這些都是蕾貝卡以及很多人都會做的事。從這些愛情中的症狀來看，也可以發現蕾貝卡是極度自卑的女子，她伸長雙手拉住對方，希望他不要離開，只因內心深處有個自認不配被愛的自己。

有時候，自卑無關個人或對方的外在條件，而是來自個人的心魔。這種心魔人人都有，不見得要和精神疾病綁在一起。

影集用情感主題來包裝精神疾病，目的不在於讓觀衆給自己貼標籤：「原來我在感情中會這樣這樣，都是因爲有病。」反倒是，**透過女主角的成長歷程，讓我們認清自己的軟弱和不安全感源於何處**。凡事必有因，蕾貝卡的問題在於兒時成長經歷，她終究認清了原來一切都與喬許、或找到其他愛她的男人無關；戀愛對她而言，僅是一種補償父親離去的情結。唯有將焦點回到自身，才能永久解決她在情感上的失衡，才能找到眞正的快樂。她驚覺自己的問題並不只單純存在於感情生活，而是整體都需要翻新。

在感情中的你，是否也時常想利用一段關係，去補足其他生命的遺憾呢？

有時候，我們終究會發現，
造成痛苦的並不是某一段戀情，
自始至終，都是自己在折磨自己。
幸福不該是從外界攝取，而是要從內心挖掘。

愛情帶來的煩惱，明天再想吧！

—— 亂世佳人 *Gone with the Wind, 1939* ——

「瑞德，如果你走了，我該去哪？我該怎麼辦？」

「老實說，親愛的，我一點也不在乎。」

第一次看《亂世佳人》，白瑞德與郝思嘉的最後這段對話在心中迴盪許久。我對於兩人橫越數年的戀情扼腕，畢竟他們可是共同經歷了南北戰爭，又分又合，中間還上演好長一段我愛你、你愛他、他愛她的虐戀。一切只因郝思嘉對於眞愛領悟得太晚，才讓心疲力竭的白瑞德毅然出走，尋求自由。

《亂世佳人》原文片名是「Gone with the wind」，小說原著譯爲《飄》，象徵著戰後南方精神的飄逝，也呼應了人與人之間的羈絆必然有期限，再怎樣濃烈的情與愛，不論生離死別，最終都得來到盡頭。然而，這種命運卻不被女主角郝思嘉所接受，她從不向命運低頭，一旦拿定主意，即便全宇宙都說她選錯了，她還是固執己見，一定要得到自己想要的。

郝思嘉這女主角有趣的地方在於，她的性格完全不討喜。任性驕縱、愛利用人又冷血虛僞，就連片中的角色也幾乎每個都討厭她、懼怕她，但觀眾就是無法發自內心討厭她。除了女主角光環之外，也是因爲這角色實在太勵志了，就算無法同理，還是會欣賞她那天不怕地不怕的傲氣，彷彿她可以把全世界踩在腳下。

故事就看郝思嘉如何從一位嬌滴滴的南方千金，變成在戰火綿延之際求生存的堅毅女子。她見證無數至親的死亡，看過成堆的屍體；在摯友美蘭生產時，她穿越戰區尋求醫生幫忙不成，只好親自爲美蘭接生，還帶著她們母子逃離北方人的追擊。種種經歷非但沒有讓她精神崩潰，還讓她在抵達陶樂莊後對天發誓：「上天爲我做見證，我這輩子再也不要挨餓。」於是，她扛起陶樂莊的生計，當起一家之主。

此等霸氣別說是女子，恐怕男人也沒有。

這樣的郝思嘉，在戀愛中也是極其執著的，可惜的是驕傲使她盲目，看不清眞愛。她這輩子都在追逐衛希禮的幻影，思嘉對他的執念太強烈，讓她誤以爲他愛的是自己，但希禮從未承認過他對思嘉的情感。希禮只是欣賞思嘉的魅力，因爲享受被這樣高高在上的女孩愛著，才與她陷入藕斷絲連的微妙關係當中。讓人尤其揪心的是，思嘉爲了這樣的幻影，不惜傷害美蘭與深愛自己的瑞德，各種執迷不悟讓觀衆看得生氣，卻也領悟人生便是如此——**有時候我們在追尋的東西根本不屬於自己，回過頭卻早已錯過幸福的機會。**

花了大半青春年華，郝思嘉終於發現她從未眞正愛過希禮，她與瑞德的激情與羈絆遠遠超越希禮給她的。她知道自己的任性一再刺傷瑞德，所以決定拔掉身上的刺，好好愛他。爲時已晚，瑞德早已不想再愛，不願再承受每日妒火攻心之苦。

「你要去哪，我已經不在乎了。」聽到愛人說出這番狠話，一般人的反應大概是搥胸頓足，恨自己傻，錯過了眞愛。但郝思嘉不是，她哭倒在台階上不久，馬上振作起來，安慰自己：「還是不要再想了，不然我會瘋掉的，我一定要挽回瑞德，一定可以的，明天再想吧。」第一次看到這幕，我只覺得思嘉是樂天派，多年後重新觀賞，才意會到她之所以有這樣的自信和心理素質，是因爲她早已深深落根家鄉。陶樂莊永遠是她的心之所向，所以她再怎麼爲愛瘋狂，也不至於迷失自我，因爲她清楚自己的義務與本分，她知道自己是誰。

即使郝思嘉總是被所愛的男人拒絕，她那堅不可摧的自尊也絲毫不動搖。這實在不像一個早已習慣被追求的美麗女子，她想的居然不是「沒關係還有下一個」，而是「沒關係我一定會把他追回來」，她對愛的執著，無法不叫人欣賞。愛情本應有多種面貌，而思嘉的那種，有時候會玉石俱焚。但她一點也無所謂，她這一生就是要用力活、用力愛，受傷了回家便是。

太陽依舊升起，明天總會到來。

PART 3

殘酷世界交戰法則

為母則強這件事，實在有點言過其實了

在一個單親家庭長大，我感受最深刻的，除了單親眞不容易，就是當母親更不容易。我的雙親在我五歲時離婚，從那時起，我就和媽媽還有弟弟一起生活。媽媽的工作是鋼琴老師，常常有學生來家裡上課，時不時也要接外面教室的案子，在家裡的時間不多不少。她以鋼琴教師的薪資養育兩個孩子，日子雖然無法過得很滋潤，但至少都還過得去。我媽媽擁有草根性很強的大女主人格，非常勤勞，不只堅持做好她熱愛的工作，還要照顧好她的兩個小寶貝。就算有時候還是會看到她壓力大到崩潰，我也從來沒感受過母親對我們不夠關愛。母親再婚前，印象中和家人相處最愉快的童年回憶之一，就是放學後和弟弟在家等媽媽工作結束買晚餐回來，三個人一起吃，搭配當時最愛的卡通。這份不起眼的小小滿足感烙印在腦海中許久，即使成年經濟獨立後，體驗過各式高級餐點、走訪過潮流場所，都無法取代。

同樣印象深刻的畫面，是媽媽在心靈脆弱的時刻，流著淚不斷跟我和弟弟道歉：「對不起，媽媽沒能給你們正常的家庭，對不起讓你們缺少父愛。」小小年紀如我，對於她突如其來的情緒一知半解，只能對她說：

「媽媽，我覺得我沒有缺少愛啊，你給我們的愛已經很夠了。」

媽媽的這些煩惱到底從何而來？

過去我無法理解，長大後才知道原來這社會施予母親的壓力之大，導致一個再怎麼愛自己孩子的母親，都要時不時懷疑自己哪裡做得不夠好。

有句話是這樣說的：我們每個人多少，都被自己的父母搞砸了那麼一點點。

總覺得說得眞好。沒有父母是「完美」的，因爲也沒有人完美到有資格定義完美。正是這些小小的人性瑕疵、情緒、低谷，讓每段不同的童年，有更豐富的色彩。

本章探討的是身爲母親的意義，選出的角色是《不存在的房間》中受爭議的喬伊、《厭世媽咪日記》中被孩子逼向精神崩潰的瑪蘿、《黑魔女》本爲反派，後成爲新手媽媽的梅菲瑟，以及《使女的故事》中，爲了未出世的孩子拚上一切的瓊恩。她們的故事有各自的酸甜苦辣，希望透過她們的側寫，讓母親各個角度的面貌更齊全。

你是我在這房間的全世界

—— 不存在的房間 *Room, 2015* ——

少女被變態綁架，囚禁七年，期間遭強暴懷孕生下兒子。女主角喬伊在兒子傑克五歲那年計畫逃脫，也成功了，不過，脫離囚室後等待著他們的，卻是另一道艱難的問題。

《不存在的房間》用令人不安的社會案件，描繪一段溫暖的母子情誼，全片一開始由五歲男孩傑克的視角出發，看他與母親被囚禁在不到十坪的小空間。房間對母親來說，是牢房，對他來說卻是全世界。從小被母親用善意謊言保護著的他，看出去的世界盡是美好。

「早安盆栽，早安椅子，早安電視，早安水槽。」

電影前半部描寫孩童的純真，傑克在房

間內的生活單調，他沒能和其他小朋友玩耍、沒有玩具，卻還是能運用伸手所及的物品自得其樂，也會每天跟房間內每一個物品打招呼。最重要的是，他有最親愛的媽媽陪伴。在母親全心全意用愛灌溉之下，傑克長成樂觀開朗的孩子，日後也成為喬伊逃脫後支撐著理智的磐石。

在《不存在的房間》中，我們只能從傑克的視角觀察喬伊的悲傷、憤怒、無助。微妙的是，這些對小孩子來說都太過複雜。在傑克眼中，電視裡的影像是魔法，綁架者「老尼克」為兩人帶來食物，也是魔法；老尼克在性侵母親時，他必須躲進衣櫃，這更像某種完成魔法的儀式。喬伊所厭惡怨恨的一切，經由傑克單純的視角解讀過後，都變得有趣、天馬行空。也正是這份純眞保護著傑克，沒有隨著腐敗的原根崩壞，反而綻放得可愛耀眼。

電影沒有用母親的角度去看整個事件，這其實是好的，使得本片不至於只探討「母親的犧牲」、「為母則強」。**喬伊並不是完美的母親，沒有人是，但人們總是放大檢視母親的責任與義務。**片中的喬伊也遭遇一樣的審判。在採訪中，記者質問喬伊，該如何跟長大後的傑克解釋他的父親是誰？為何當初沒有拜託囚禁者將兒子送到外面的世界？這些尖銳的問題讓喬伊崩潰，在採訪後第一次試圖自殺未遂。年幼的傑克當然嚇壞了，但即便在彼此生命中最黑暗的篇章，他還是給出了一個天真無邪的註解：「媽媽想去外星人那，想飛上天堂，卻摔了下來，然後摔壞了。」

「我不是一個好媽媽。」

「但你就是媽媽啊。」

童言童語中，我們知道傑克需要的只是一個媽媽。一般所謂「完美媽媽」期待下的壓力，往往都來自陌生他人。對呀，誰說一定要當個「好媽媽」？只是媽媽不行嗎？能給予孩子愛與快樂還不夠嗎？難道一定要奉獻所有、堅強、不展現軟弱、給孩子最好，才是一個合格的母親嗎？

父母親到底該怎麼做，才不會被指控「太過嚴厲」、「不夠嚴厲」、「太過關心」、「不夠關心」？答案是做不到。人們就是愛說風涼話，偏偏母親這個角色莫名承擔著更多期待，尤其是「你媽沒把你教好」這類句子，儼然等同沒有修養與家教，讓母親這角色明顯承受了更多的社會壓力。

事實上，整部電影就像所有母子／母女關係的縮影。母親與孩子的羈絆之深，旁人難以理解，從某層面來看，也像房間一樣，是封閉的。每一對母子之間，一定都有屬於自己的小宇宙和宇宙運行法則。對孩子來說有趣，但對母親來說，爲了孩子忍受生產之痛、身形變化，以及照顧的辛勞。或許這樣的關係也是在拋棄部分的自我，畢竟就算是深愛著的骨肉，孩子對母親來說依然像是個奪取者。

如果是母親的觀點，整部電影恐怕會像是哭訴爲母之苦；但從兒子的視角出發，我們反而看到母子之間更純粹的羈絆。在這部電影中，傑克最後成爲喬伊的靠山，於是我們知道，年幼的孩子不全然只會奪取，也能付出。

在房間裡，你是我的全世界，離開了房間，我要成為你的太陽。

傑克剪去了象徵他「力量」的長髮，送給母親，因爲他清楚，現在的媽媽比自己還需要力量。或許爲母的意義正是如此，離開房間才發現親手創造了太陽，不僅能照亮自己，未來還能照亮他人。一切從來無關能力和付出多少，愛即是愛。

和不想當母親的自己和解

—— 厭世媽咪日記 *Tully, 2018* ——

「我想過著像以前那樣，優雅的生活。」

我媽媽有一天突然中年危機發作，開始跟我分享自己年輕時犯下的錯誤。她氣自己沒有在年輕時好好理財，提前經濟獨立；氣自己嫁給不對的男人；氣自己在準備不夠充足的情況下生下我，錯失年輕時主動找上門的各種機會。

她懷念時常有空閒研究食譜，做出美味的料理；懷念去國家音樂廳聽音樂會；懷念沒事在家彈彈鋼琴，在咖啡廳靜靜享受一杯咖啡，想出國說走就走的單身時光。

我媽媽生下我之前，生活自由無拘無束，憑著鋼琴家教的工作，算是過得上對單身女子而言很滋潤的生活。成爲母親之後，

（據她的說法）她的生命昇華了，有了一個珍貴的使命，就是要把她的孩子安全呵護到長大。這是不一樣的幸福感。但隨著第二胎、第三胎的到來，她的貢獻精神不減，但某一部分的自己，卻也漸漸消失了。

「我好像不知道自己是誰了。」如今三個孩子都長大獨立，她像是突然發現自己的人生被偷走了一樣，崩潰了。

或許是因爲我也即將滿三十歲，差不多是媽媽當年生我的年紀了，媽媽第一次以跟另一個女人傾訴的方式，對我訴說她的煩惱。於是我推薦她去看《厭世媽咪日記》。

聽到嬰兒的哭聲，從睡夢中醒來、餵奶、把屎把尿，變形的身材、腫脹的奶頭、勞累如行屍走肉，然後一再重複，直到身體與精神再也不堪負荷。《厭世媽咪日記》將母親的日常如實呈現，讓上述畫面宛如恐怖幻燈片般從觀眾眼前閃過。母性體驗原來不像我們想像的「充滿祝福且美好」，而是充滿嬰兒吐奶味、尿布味，還有鏡中蓬頭垢面的自己。

本文含有電影劇透

《厭世媽咪日記》描述兩個孩子的母親瑪蘿，在沒有計畫下懷了第三胎。

瑪蘿生產後的日常是這樣的：白天，她要接送兩個孩子上下學、準備三餐、打理家裡。其中，有特殊狀況的兒子更是讓她頭痛，總得爲他的教育問題東奔西走。夜裡，她要起床哄哭鬧的嬰兒、餵奶。於是，在極度缺乏休息、精神瀕臨崩潰之際，她決定聽弟弟的話，請來夜間保母，替她扛下晚上照顧嬰兒的工作。

「我是來照顧你的。」新來的夜間保母塔莉第一天上班時這樣說道。她存在的目的，並不是爲了照顧寶寶，而是要讓瑪蘿的生活好過些。兩人很快成爲好友，瑪蘿不只放心將孩子交給她，平常還會和她談心、聊聊做母親的心得，以及那些成爲母親前未能成型的夢想。塔莉並非有什麼過人的魅力，之所以能這麼快讓瑪蘿敞開心房，只因爲她是在瑪蘿成爲母親後，第一個關心她「本人」的人。瑪蘿終於覺得自己又是自己人生的主角了——不僅是三個孩子的媽，也是她自己。

電影用巧妙的方式，將每位母親從懷胎、生產、孩子上學幾個階段會遇到的問題一次呈現。懷孕時，連陌生人都要來指點你不該喝咖啡；產後被「建議」如何照顧孩子比較好；孩子不乖的話，是不是你教育「哪裡出了問題」；累到沒力氣準備晚餐，擺上一桌冷凍披薩，老公還會露出失望的臉色。每位生產過的女人彷彿都被強押了超人的光環，還被理所當然地認為應該對這神聖的使命感到驕傲，不可以嫌累、不可以發脾氣，凡事只能考慮怎樣對孩子最好。然後，這個曾經懷抱著自己人生規劃、理想的女人，屈降為他人生命中的配角，一位「稱職」的母親。

瑪蘿的崩潰並不是讓觀眾看到她戲劇性發瘋，或是哭訴自己有多辛苦，我們只是靜靜透過她變形的身材、沉重的步伐、飄忽不定的眼神、一靜下來就放空的各種症狀，看出她已經快被榨乾。她一再一再地給予，然而唯一可能理解自己辛勞的丈夫，也因為工作忙碌，無法給她足夠的關注，遑論發覺她不論心理或生理都早已積勞成疾。

「那之前呢？你曾經的夢想是什麼？」

「如果我有夢想的話，至少還能把錯怪給這世界，如今，我只能怪自己。」

瑪蘿年輕時顯然並不是非常懂得規劃未來的女生，還沒來得及想像人生的其他可能性，就先當了母親。但她清楚知道，這怪不了別人。這使瑪蘿這角色更加與「自我」抽離，若她曾經懷抱夢想與野心，成為母親的她或許還可以更強烈地反抗強加自己身上的期待，但她就是沒有夢想。還能怎麼辦呢？只好接受自己生來就是為了當母親。

瑪蘿的經歷，不僅讓觀眾看到當母親的黑暗面，也是自我迷失的恐怖故事。我們每個人不見得生來都清楚自己的目標，或是擁有什麼遠大的抱負，庸庸碌碌中，我們可能錯失了選擇的機會；回過頭看，才發現人生選項所剩不多，最終只能接受眼前的命運，或是等待不知何時才會到來的轉機。瑪蘿一腳踏入了爲人母親的坑，孕育生命、照顧「自己的延伸」固然也是一種幸福，但夜深人靜之時，她還是不禁想像某些「如果」和「早知道」。於是，塔莉這個角色出現了。

電影最後揭露，所謂的夜間保母「塔莉」根本不存在。她只存在於瑪蘿的腦海中，是瑪蘿投射的年輕人。美麗的女孩才二十六歲，卻知道好多人生大道理，精神充沛，還不用擔心太遠的未來。她想像出一個更完美的自己，會趁夜幫她打理好家務、烤蛋糕、照顧寶寶，甚至幫她跟老公的性生活助興，一切都是因爲，她早就沒辦法喜歡現在的自己。瑪蘿開車失控地駛進了河裡，塔莉化爲一隻人魚，助她脫困後又消失。這一段，明顯是瑪蘿幻想的意象，象徵著她強行分裂出來的這個人格終究得離開，她還是得面對現在的自己。

「爲什麼你年紀這麼輕，卻懂得比我多？」

「因爲我才二十六歲，未來還有好多機會，還有好多空間時間可以想一些有的沒的呀。」

塔莉一句話撫平了瑪蘿內心的不安，身爲母親，她總是時時刻刻擔憂自己是不是懂的不夠多，會不會隨時都有可能搞砸事情。一切只因爲，她肩負太多責任，以至於無法停下來看看她已有的成就，反而一直責怪自己，不如年輕時那樣精明、苗條、總是在冒險。

她的人生來到下一階段，有了不同的成就。

瑪蘿最終認清了，當三個孩子的媽媽、一家人的精神支柱，反覆無悔地爲眞心愛人付出，還是很令人滿足的。《厭世媽咪日記》並不是恐嚇女性的警世物語，而是讓我們知道，即便沒有完美的人生、即便所有計畫與理想都有缺口，我們每個人還是都有屬於自己獨一無二的生命軌跡，許多美好就是發生在預料之外。幸福沒有絕對公式，我們只能抱持希望向前，路途或許顚簸黑暗，但有愛著的人陪伴在側，就無須畏懼。

從大反派到好媽媽的養成術

—— 黑魔女 *Maleficent, 2014, 2019* ——

「公主在十六歲那年，她的手指將被紡紗機的針刺穿，使她陷入如死亡般的昏迷。除了眞愛之吻，這世上沒有任何東西能喚醒她。」魔女拉開她有如蝙蝠翅膀的駭人斗篷，大聲詛咒，身旁綠色魔焰燃起，照亮她猙獰的面孔。下完咒後，她揮手招來寵物烏鴉，伴著高亢的邪惡笑聲，揚長而去，留下一屋子錯愕的人，以及抹滅不去的童年陰影。

這一切，竟然只因爲魔女沒有受邀參加派對，心情不好。她是梅菲瑟，一個長著惡魔雙角的魔女，她法力無邊，擁有一群黑暗大兵，但從來沒有人知道她從何而來，又爲什麼如此邪惡。

梅菲瑟的背景在本傳中從未被交代，但由於駭人外型和強大的法力，仍被視爲迪士尼最恐怖的反派之一。在《睡美人》的故事中，她唯一的目標就是確保公主在十六歲那年一定要被針刺到——沒了，就這樣。當時年幼的我把故事當作童話來看，並沒有想太多，直到長大後才不禁納悶，梅菲瑟如此怨恨奧蘿拉的雙親，背後是否有更多動機？

二〇一四年，《黑魔女》這部電影誕生了，以反派梅菲瑟視角，重新解讀睡美人的故事。電影描繪梅菲瑟如何從善良的精靈，變成一心只想復仇的魔女，並且和公主奧蘿拉培養出一段意想不到的革命情感。

在獨立電影中，梅菲瑟本爲守護魔法森林的精靈，和人類男孩史蒂芬萌生愛情；不料史蒂芬成年後逐漸失去當年的善良純真，與梅菲瑟逐年疏遠。爲了向人類世界的國王邀功，他竟然還趁梅菲瑟熟睡時，砍下她的雙翼。梅菲瑟悲痛欲絕，從此對人類充滿怨恨。多年後，終於讓她等到復仇的機會。史蒂芬成爲國王後，長女奧蘿拉出生，梅菲瑟痛下詛咒，讓史蒂芬陷入無盡悔恨之中。

然而，《黑魔女》的故事才正要開始，因爲本片探討的不僅僅是梅菲瑟如何黑化，更要帶領觀衆，一窺她那敏感、易受傷害的內心世界。

爲了讓觀衆看到更多梅菲瑟感性的一面，迪士尼做了個大膽的腦補：讓梅菲瑟成爲照顧奧蘿拉長大的人，一個類似母親的角色。同時也解釋了，爲什麼奧蘿拉在那三名脫線仙女的照顧下，還有辦法健康長大這個世紀大謎題。

痛苦使她成為女人，愛的領悟則使她成為母親。

作爲第一部顚覆「眞愛之吻」定義的迪士尼電影，黑魔女的故事大量圍繞在梅菲瑟和奧蘿拉之間如母女的情誼。在故事中我們可以看到，梅菲瑟本來對人類心懷怨恨，後來卻被奧蘿拉融化，母愛爆發。

這個過程，也確實可以反應母親心境。

梅菲瑟曾經是森林的守護者，她擁有一對巨大的翅膀，可以隨心所欲翱翔，她善良、強大、自由。但她的純眞卻被傷害她的男人奪去，她失去了雙翼，不再是曾經喜歡的自己。拆解童話包裝後，梅菲瑟的痛苦與迷惘並不難同理，這是從女孩變爲女人的過程，更是女人在成長過程中都有的共同經歷——迫於無奈，她們必須放棄部分的身體自主權。

《黑魔女》的編劇琳達．沃佛頓透露，梅菲瑟遭迷暈後被切下翅膀的橋段，其實暗示著強暴，同時也暗示女性在各種情形下身體被侵犯，卻無能爲力的現象。沒有當過媽媽的我，看到母親身上的生產和剖腹傷疤、妊娠紋，我不禁聯想，對母親來說，懷胎十月和生產對身體帶來的影響，是不是也是一種入侵？但對母親來說，事情沒這麼簡單，她們不僅孕育生命，更是透過與孩子的關係，重新領悟生命的眞諦。

「生你很值得，沒什麼好遺憾的。」母親不要我自責。

對梅菲瑟來說，與奧蘿拉的締結是救贖，她重新領悟了愛的定義。在傷害和絕望之後，她又獲得了不同的親密與愛。這是年輕時的她完全想像不到的，她爲此放下仇恨，再度學會了感激。最終，《黑魔女》的故事回歸到愛的課題，對梅菲瑟與奧蘿拉皆是。**有時不見得血濃於水，有時愛情不比親情，一切取決於你如何去愛。**

《黑魔女二》又延伸了這個課題，將更多焦點放在母親的占有與義務。成年後的奧蘿拉渴望獨立，並墜入了愛河，梅菲瑟身爲不同物種，與人類世界格格不入，面對奧蘿拉的反抗，她開始懷疑自己是否是個不夠格的照顧者。飾演梅菲瑟的安潔莉娜·裘莉，在一次採訪中提出了相當動人的經驗分享。身爲領養過不同種族小孩的母親，她也曾經被迫面對外界看待他們一家人的眼光，以及總帶著批判的壓力。只因她和孩子們長得不像，人們就質疑她們的親情和連結。但關於母親的定義與資格，其實不該由他人判斷。

正如梅菲瑟學會愛與放手後，又進入下一個人生階段。她領悟到，愛不是目標，愛是推進我們向前的燃料，愛是路途黑暗時照亮我們的明燈，自身有愛的信念、清楚自己的使命才是最重要的。

就像失去翅膀的梅菲瑟，
每位母親都是來到人間的折翼天使。

怎樣才是母親？

—— 使女的故事 *The Handmaid's Tale, 2017-2021* ——

因環境汙染和性傳染病，未來的生育率降低，為了發起改革，極權組織占領了美國，改稱部分國土為「基列國」。基列國以舊約聖經作為國家教義，在這裡，孩子是上帝的「恩典」，女人相互問安時，說的話總是「願神祝你得子」。最可怕的是，女人們還分成不同階級——灰衣服的女性是最低層的勞動階級，形同奴隸；藍衣服的是主教夫人，最純潔高貴；最後是身穿紅色衣服的使女，她們是國家少數還有生育能力的女子，負責為主教帶來子嗣。

使女與主教行房的過程，稱為「儀式」。進行方式是讓使女躺在跨坐的女主人腿間，主教再與使女從事性行為。使女只是裝載主教精蟲的器皿，代替無法生育的夫人，充當家裡會行走的子宮。

這些使女在基列國成立以前，都是再平凡不過的婦女，她們是上班族、教師、學生，共通點是她們都曾懷有身孕，或是當過母親。女主角瓊恩在基列國成立之際，與丈夫帶著女兒試圖逃難卻失敗，導致丈夫生死未卜，女兒被帶到其他人家撫養，她則成為了使女。她不敢期望丈夫還活著，但她想盡辦法要回到女兒身邊。

《使女的故事》自始至終圍繞著母性，在以搶救生育率為建國基礎的基列國，孩子是國家的珍寶，「成為母親」是神聖的任務。使女們被基列法律定義為「不潔」，沒有養育的權利，只負責生產。只有主教夫人可以擔任「母親」。

什麼是母親？母親的定義究竟為何？

身穿藍色衣服的貴夫人，雖然沒有經歷性行為和懷胎過程，在使女生產之際仍需要經歷另一場「儀式」。她們必須在使女身後張開雙腿哭喊，彷彿正在感受使女的生產之痛，然後她就可以成為眞正的「母親」；至於使女，完成生產後就會被送到另一個家庭，她生下的孩子與她再也無關。影集描繪了不曾經歷懷胎生產的主教夫人將孩子視為珍貴的「家產」四處炫耀，也描繪經歷懷胎十月的母性體驗後，使女難以放下親自生下的孩子（即便是在形同強暴的情況下受孕)。究竟哪一種才能叫做眞正的母親呢?或許都是。

本來,某種程度上,孩子容易被父母視爲自己的「所有物」,生理上會與母親骨肉相連,這更產生一種難以言喻的羈絆。《使女的故事》用極爲瘋狂的方式,呈現了母性的黑暗與光明,雖然從觀衆的眼光來看非常荒謬,但我們都淸楚知道,這反映了現實,只不過是以更加血淋淋、跳脫人性的方式表現。

在成爲使女之前,瓊恩本來就已有一個女兒,卻被迫與她分離。全劇第一季有很大篇幅在描繪她如何暗地企劃與女兒重新取得聯繫,最終她也見到了女兒,但是她沒有選擇把女兒奪回自己身邊,因爲她除了母親的身分,也有人性與愛的欲求。由此可見,**母親的身分並不是女人的全部,也不該是女人的全部。**故事中,我們看到瓊恩讓其他使女與她一同反抗命令,不拿石頭砸死另一名「犯罪」的使女;我們看到她鼓勵其他受虐的使女,給予她勇氣;看到她在生活分崩離析之際,依然墜入愛河,爲愛而戰;看到她說服主教夫人放棄女兒,讓她逃離基列,以獲得更好的教育。

《使女的故事》獵奇的故事情節不只是爲了滿足觀衆的虐待欲,它是我們身處社會的寫照。劇中女性遭遇的一切都曾經發生過,例如宗教迫害、極權統治。這才是本劇成功的原因。觀眾看這部劇，並不是爲了看女主角如何被虐待，而是想看她最終成功推翻基列，迎來自由的那天。透過這些過於眞實的痛楚，我們反而能站在女主角的角度看整個故事，發自內心支持她。

所以，究竟是什麼成就一個偉大的母親？這個問題從來就沒有正確答案。「犧牲自己、無私奉獻、無怨無悔」，聽起來是母親會做的事，但事實上，我們都想成爲這樣的人：有信仰、有想付出的對象、有想衝破的困境。同理心與愛使我們有血有肉，**為了成全正確的事，我們可以做出艱難抉擇、忍受苦痛。或許，這才是為人的意義。**

成為壞女人

不知道什麼時候開始，吹起了一波鼓勵女孩叛逆的風潮。我們可以看到名爲「致命誘惑」的口紅色號；聽到一首首來自亞莉安娜．格蘭德的渣女歌單；社群滑開各種渣女語錄氾濫。如今，壞女孩不必再躲躲藏藏，壞女孩很酷，似乎還帶點獨立自主的象徵。

大家爲什麼突然開始執著於可愛又迷人的反派角色？或許是因爲現今社會風氣允許我們暢所欲言，讓我們更勇於做回眞正的自己。也或許，是要透過這些想毀滅世界的反派，宣洩我們對社會的不滿。當談到女性反派，又更能與 #Metoo 運動聯想——她們往往聰明絕頂、渴求權威、野心勃勃、敢愛敢恨，是傳統價值的相反，某種程度象徵著進步，也難怪Z世代女孩越來越嚮往當個「Bad Gal」。

本章節精選出影史上幾位經典難忘的元老級蛇蠍美人，談談她們的行爲爲什麼會被定義爲「惡」？她們又是如何憑著手腕與美貌達到一切欲求？成爲壞女人的背後，又是否需要存在理由？就讓我們潛入壞女人的內心世界，解構「邪惡」這件事吧。

破壞我世界秩序的人，由我親自制裁

—— 控制 *Gone Girl, 2014* ——

還記得《控制》上映當年引來的那波話題巨浪，所有人都在爭論這部電影的主旨到底爲何。究竟是帶有反婚姻意涵的恐怖寓言、蛇蠍美女令人過癮的大反撲，還是警示男人無能的下場？沒人有標準答案，但至少，觀衆都記住神奇艾咪這個讓人毛骨悚然的角色了。

《控制》的前半部帶有大衛．芬奇式的招牌懸疑感，引人入勝地刻畫郊區人妻艾咪失蹤後的重重疑點；後半部則揭露這場失蹤根本是場騙局，是艾咪的自導自演。她用大量鮮血布置犯案現場，假懷孕、假失蹤、寫假日記，還製造丈夫爲了詐領保險金而犯罪的假象——一切都只爲栽贓丈夫謀殺的罪名。

看到這裡，觀眾都倒抽一口氣，怎麼能有女人爲了報復丈夫外遇，做到這種程度？

討論艾咪的變態程度，大概沒有太大意義，本片重點還是在於描繪婚姻關係和顛覆幸福的定義。就算幸福眞實存在，絕大多數看似幸福的人時常都是「演出來的」，這種虛假的美夢一戳即破。**《控制》提醒我們，每個人在戀愛中都有隱藏的黑暗面，**片中尼克與艾咪就是極致代表，他們在隱藏自我後，被接踵而至的副作用狠狠折磨。

當然，艾咪是貫穿本片的靈魂人物。每段關係總有主導的一方，艾咪對自己與丈夫的關係展現出一種有意識的控制，她清楚尼克喜歡的女孩類型，巧妙扮演著這個「角色」；她本以爲情況都在自己掌控中，但隨著越來越入戲，竟發現兩人的婚姻漸漸變成她曾經嘲笑過的樣子——自己變成喜歡碎碎念的妻子，尼克變成不耐煩而出軌的丈夫。她恨尼克把自己變成她最討厭的樣子：「既然他對我做的基本上跟謀殺沒兩樣，我何不讓他得到應有的懲罰？」

史上最完美的假謀殺因此誕生。

除了對尼克的報復，艾咪也想殺了這個她所厭惡的自己。她曾經是聰明過人的天之驕女、「神奇艾咪」、男人幻想的女神，如今卻變成一名平庸的、遭背叛的悲情妻子。她不允許自己這樣下去，也不允許尼克完全不付任何代價。

艾咪擁有此等復仇心，又工於心計，被視爲本片反派確實合理，不過，《控制》賦予這名角色的動機更是眞實到令人坐立難安。這個擁有高學歷，又出身高貴的女子，從小就被母親當作童書「神奇艾咪」的創作靈感，她被賦予了所有父母的期望：現實中，她放棄拉大提琴，書裡就把她寫成大提琴神童；大一時被排球隊開除，書裡她就成爲校隊成員。神奇艾咪永遠領先她一步，提醒著自己不夠好。

自幼已習慣扮演好「神奇艾咪」這個角色，成年後，戀愛中的她也持續飾演其他角色。「我剛認識尼克，馬上就知道他要的是那種『酷女孩』，那種喜歡體育賽事、打嗝、喝啤酒、吃冷掉的披薩等垃圾食物，卻還是可以維持S號身材的女孩。酷女孩很辣，酷女孩不抱怨，酷女孩愛她男人的所有興趣，酷女孩享受口交。她不開心時，只會露出懊惱又迷人的微笑。」

艾咪向我們自首，來了這麼一段「酷女孩」獨白。片頭那個迷人溫馴的形象，全都是在做戲(用心的觀衆或許還會發現，她跟尼克初遇時正在喝的飲料就是啤酒)，一切只爲了讓尼克一步步落入她編織的網，讓她擁有一段可以完全掌控的戀愛。誰知道，尼克也有自己的把妹招數，他把自己裝成女人要的白馬王子，其實他也並非艾咪以爲的樣子。

隨著兩人結婚日久，面臨經濟大蕭條、失業等現實難題後，他們放棄了假裝，這段婚姻也漸漸崩解。

艾咪不再是那個不會對丈夫發脾氣的酷女孩了。她抱怨尼克成日在家，無所事事地打電動；尼克也不再是溫柔體貼又風趣的白馬王子，他受夠妻子成日愁眉苦臉，所以在外面給自己找了一個更年輕、更有活力的「酷女孩」。

艾咪追求卓越，她不甘於只當個郊區人妻。

在《控制》原著中，更明確提到艾咪對淪爲一般女人的恐懼。她對於婚後的自己變成那種「嫁給爛丈夫的一般蠢女人」感到憤怒，責怪尼克讓神奇艾咪「不再神奇」。

艾咪是如何定義一般女人的呢？

「一般女人得過且過；一般女人總是讓身上多三公斤的贅肉；一般女人總是在嫌自己選的老公差勁；一般女人抱怨老闆不賞識自己；一般女人有一群縱欲的姊妹。多麼不自律呀！活該變成那樣。」她曾經這樣想，但如今，她發現自己竟然已身處於她所唾棄的生活中：在郊區生活，沒有朋友、沒有工作、沒有錢，只有一個劈腿的老公。多麼芭樂、多麼普通，她恨透這一切了，必須反擊。

看到艾咪精心策劃的這場假謀殺，觀衆的目光可能開始聚焦在這位女主角身上。她多麼符合一般男性妄想中，那種令人害怕的女性形象。她控制欲強，操控男人於無形，善於扮演受害者，用美貌使人意亂情迷、做出不理智的決定。

但《控制》意不在讓觀衆恐懼女性，畢竟，我們也同時看見男性霸權的典型橋段，例如艾咪被「半囚禁」在前男友戴西家。戴西瘋狂迷戀著艾咪，對艾咪也有強烈的占有欲，他要她打扮成他喜歡的模樣、留他喜歡的髮型，彷彿將她當成自己的專屬洋娃娃。

艾咪是母親筆下的「神奇艾咪」、尼克想要的「酷女孩」、戴西渴望的女神，**她的崩壞何嘗不是一種受夠他人期待後的大反撲？**她的邪惡，是過度壓抑自我而衍生的毒瘤，無藥可救，**唯有靠控制他人，她才能控制自己。**

《控制》不只是一樁人人聽了都會恐婚的恐怖故事，擊碎了教科書裡的各種幸福公式；同時也描繪了世人對於「完美伴侶」的幻想以及對他人感情的窺探欲有多麼可怕。艾咪的計謀之所以能成功，也多是因爲媒體超級執著於她的失蹤案，因爲：

一、她是個小有名氣的童書主人翁

二、白人

三、漂亮臉蛋

再加上懷孕的設定，她就是個「無辜的白富美受害者」，這點更是滿足了觀衆的嗜血欲；況且，她還懂得運用尼克反派感十足的屁股下巴，將自己塑造成受害者。看到最後，我都爲艾咪感到可惜，她如此深諳高收視祕訣，不應該只當個人妻，根本該去做節目吧。

蛇蠍美人與她們的產地

── 第六感追緝令 *Basic Instinct 1992* ──

重案組警探尼克·卡倫受命調查一樁離奇的殺人案件。死者全身赤裸，雙手被白色絲巾綁在床頭，身上有多處刺穿傷口，所有線索都指向死者生前交往的對象，凱薩琳·楚梅，她就是殺人凶手。然而，凱薩琳運用高超的話術與美色，將警方玩弄得暈頭轉向。尼克決定親自和這名手腕高明的神祕女子過招，卻發現自己漸漸深陷這段致命關係。

八〇到九〇年代是好萊塢盛產黑色情欲電影的高峰期，我們可能記得《致命的吸引力》(Fatal Attraction) 中，對已婚男死纏爛打的變態小三(葛倫·克蘿絲)、《驚世狂花》(Bound) 運用性魅力對父權大反撲的女同志（珍妮佛．提莉）、《桃色交易》（Indecent Proposal）爲錢行肉體交易的已婚人妻（黛咪．摩爾），但這些都不敵一個翹腳的莎朗．史東，她就是《第六感追緝令》中的凱薩琳。

一身俐落的白洋裝，高高翹著修長的美腿，在偵訊過程中不斷對警官性暗示，大聊自己的性偏好和毒品；交叉雙腿之間，凱薩琳巧妙地露出光滑的私處，挑逗之餘更讓人有幾分不安。她渾身散發出未知的危險氛圍，就算知道接近她不會有什麼好事，男人仍會飛蛾撲火般投向她的雙腿之間。

這個角色妙在即便她普遍被認爲是本片反派，電影卻從未正式定她的罪，僅利用各種疑點和她耐人尋味的行徑，讓人猜想她可能就是凶手。我們只能從男主角尼克的角度觀看這名疑點重重的美女作家，但隨著尼克對凱薩琳越來越著迷，我們也逐漸失去了判斷力。究竟凱薩琳眞的只是因爲特異獨行而引人誤會，還是這一切，從殺人到和尼克的親密關係，都在她的計畫之中？

凱薩琳出身優渥，父母死後繼承萬貫家財，因此她的殺人動機不在於錢；她的性觀念開放（片中描繪她如何享受讓女友看自己和其他男人做愛），因此動機也不在於情。電影傾向讓觀衆想像：凱薩琳就是個爲了寫書、無所不用其極的心理變態，爲殺而殺。

像凱薩琳·楚梅這樣的蛇蠍美人在好萊塢並不少見，三〇至四〇年代起，我們就看得到這類型的女性角色在電影中嶄露頭角。據傳，起因可以追溯自戰爭期間男性遠離家園、再也無法掌握妻兒行蹤，加上大量女性投入職場，有了獨立謀生能力，社會身分和思想也隨之劇烈轉變。人們將這份「不安全感」投射到好萊塢劇本中，使蛇蠍美人的銀幕形象越來越常出現。

蛇蠍美人大多擁有與傳統女性完全相反的特質。她們對生兒育女、安定生活一點興趣都沒有，她們只愛金錢與性。比起與男性談戀愛，她們更常運用自己的性魅力去達到某些目的；她們可以跟男性有著不帶情感的性關係，利用完就拋棄，還常常有仇男傾向。

簡單來說，蛇蠍美人就是男人最可怕的惡夢，但男人總是難以抵擋她們的魅力。

微妙的是，就算上述這些特質時常在男性身上展現，他們卻不會因此被貼上「邪惡」的標籤。由此可見，蛇蠍美人這個最初由男編劇發明出來的影視形象，終究是在投射男性對女性的恐懼臆想；畢竟，**當女人擁有男人的野心，不被男人的性欲牽制，又懂得運用魅力讓男人屈服，不就代表女人天下無敵了嗎？**

看這些蛇蠍美人折磨眾生之所以會如此療癒，除了可以滿足男性的被虐欲外，更能作爲女性壓力宣洩的出口。現實中的我們，往往無法像電影中的她們那般冷酷無情（因此受盡委屈），這反而讓我們得以暫時抽離現實情感，把自己投射到她們身上，享受她們的殘酷暴行。實際上，這類型的女子在生活中稀有到接近奇幻程度，導致我看這些角色表演時，都有種進入《哈利波特》魔法世界的逃避現實感，非常抒壓。

回到凱薩琳．楚梅這個影史經典反派，電影結局揭露她是有罪的，犯下多起殺人罪行，只爲讓她的小說添加靈感。她愛好危險，人格特質充分展現了反社會傾向。不過，像凱薩琳這樣「經濟獨立又性開放」的女子，總是被形塑爲蛇蠍，難免讓人將這些特質與內心邪惡聯想在一起。雖然很想爲她們辯解幾句，但又不禁覺得，或許這樣的邪惡是無法避免的，畢竟不論在虛擬時空或現實社會，厭世的我們總是需要一個制裁者，幫忙宣洩想毀滅一切的欲望。而且，這角色必須是女人，誰叫她們可愛又迷人，做什麼都可以被原諒。

她不壞，她只是在做她的工作

—— 穿著 *Prada* 的惡魔 *The Devil Wears Prada, 2006* ——

夢想成爲記者的安德莉雅雖然對時尙一竅不通，卻誤打誤撞得到一份在時尙雜誌《伸展台》工作的機會，擔任雜誌總編米蘭達·普萊斯利的小助理。米蘭達是出了名的對下屬嚴厲，身爲助理，小安必須面對她的各種需求無度；起初，小安只抱著「撐過一年之後可以找更好的工作」的想法，但隨著對這份工作越來越投入，她漸漸變得不再像自己。

還記得自己是十四歲時第一次看《穿著Prada的惡魔》，那時我就有跟常人不同的體悟。比起時尙產業的勢力和紙醉金迷的虛假，我反倒嚮往片中每個在《伸展台》工作的角色那份衝勁，她們各個投入於自己熱愛的事物，即便流血流汗，也要做好自己的工作。

「我長大後一定也要找到這樣的工作。」這是我看完這部電影的第一個想法。即便當時根本看不懂片中小安在私人生活中面臨的掙扎，也不知道米蘭達爲何殘忍割棄信任的重臣，只爲保有公司地位。年少輕狂的自己，就是從這部片得到了莫名鼓舞。

我太喜愛《穿著 Prada 的惡魔》，已經重看不下十次，但時至今日，我累積了更多工作年數、多了管理經驗，最近一次看這部電影，又是非常不一樣的感覺了。

過去我對安海瑟薇飾演的「小安」帶入感很深，幾乎把這個角色視爲自己的啟蒙導師。小安有衝勁，冰雪聰明，不輕易接受「不」，更從不把他人的惡意放在心上，這使她順利在《伸展台》生存下來。做得快也學得快的她，進公司不到一年就得到米蘭達的信任。但在光鮮亮麗的時尚產業和超長工時背後，她逐漸失去私人生活，與朋友疏遠，男友生她的氣，爸爸擔心她的低薪會入不敷出；她發現，自己成天都在擔憂漏接米蘭達的電話，也漸漸忘記了自己當記者的初衷。電影最後，她意識到自己並不想成爲米蘭達，也不想要她的生活，於是將制約自己已久的手機撲通一聲丟進巴黎的水池，正式讓自己解脫。

《穿著 Prada 的惡魔》在片名就爲米蘭達冠上了「惡魔」的封號。爲了讓她的行爲更符合這浮誇稱呼，米蘭達的許多行爲確實符合惡主管：週末要下屬隨時 on call、需求反覆不一，有時看你不爽還會特別找碴。然而，撇除這些爲了讓電影更好看而添加的設定，在工作上，她與其他追求良好表現的主管無異。電影中小安自己也說了：「大家都說米蘭達是施虐狂，但如果今天她是個男人，人們只會專注於她的工作表現有多麼出色，不會這麼多閒話。」**男主管的嚴厲就是追求好的表現，女主管的嚴厲，卻是大姨媽來或是脾氣壞，這是職場常見的迷思。**

米蘭達在職場上被形容成愛好施虐的惡魔，電影也帶到了米蘭達身爲職場女性，卻面臨無法兼顧工作和家庭的老問題。相對於一步步追隨她的小安，米蘭達也開始出現私生活危機；不同的是，小安決定踩煞車，不再繼續淪陷花花世界，而米蘭達選擇不斷追求卓越。

事實上，如果米蘭達不是如此強勢、冷血無情，她大概也無法存活到現在、坐在她現有的位置上。畢竟我們都在片中看到時尚產業有多麼勢力，想在這樣的環境稱王，絕對不是努力讓大家喜歡你，而是想辦法用最快的方式，讓別人尊重你。米蘭達使用的工具是「恐懼」，她讓員工清清楚楚知道這份工作不是兒戲；她十分重視每一個小細節，甚至可以因爲細節出錯而淘汰一個人。

米蘭達沒理由給你好臉色看，反正你做不來還是得被開除。職場又不是交朋友的地方，她何必多給自己一份情緒勞動的工作？不浪費時間討好別人，這看起來更像是米蘭達的處世哲學。她對你的尊重不會從天上掉下來，你得親自爭取。

在還沒有工作經驗的學生時期看這部電影，我覺得米蘭達眞的就是惡魔。下屬努力半天，卻從來不會被肯定，一旦犯錯就好像罪不可赦。如今，我反而可以理解電影前半的小安爲何處處被刁難。對她來說，她只是在「完成」代辦事項；但對米蘭達來說，自己的每個決策都是在製造傳奇。在人才濟濟的頂尖環境工作，卻抱著得過且過的態度，還期望主管給自己貼個好棒棒貼紙，確實是太天眞了一些。

「她只是在做她的工作而已。」

前輩奈吉爾的一句話打醒小安，提醒她是多麼幸運，可以年紀輕輕就接觸到這份工作。她終於學會看見米蘭達如何締造她的時尙帝國。她的難搞並不是爲了讓他人辛苦，而是要讓工作的每個細節臻於完美；她的不妥協並不是在耍大牌，只是對時尙信仰的堅持。

小安終究還是從米蘭達身上學到許多，甚至得到了工作推薦，她原來可是個連面試前都搞不清面試官來頭的傻妹，沒做功課，連《伸展台》都沒讀過，對於穿著一點都不講究。然而她卻在短短不到一年的工作中，在米蘭達完美主義的雕琢下，變成懂名牌、應變能力強、未雨綢繆的工作狂。即便離開時尚產業，這些技能依然是寶貴經驗，當你見識過什麼叫頂尖的職場女性，眼界必然與以前不再相同。

電影有意無意爲觀衆植入了「像小安這樣無私善良，爲同事著想的人才是好榜樣；米蘭達這種爲了事業不擇手段，棄昔日戰友而去的人是惡魔」這類想法，但很多時候，職場哪分什麼善良與邪惡？只有存活或被淘汰而已。

「大家都想成爲我們。」

小安決定辭職之前，這是米蘭達對她說的最後一句話，反而給她一記當頭棒喝，讓她下定決心脫離這個殘忍的產業。善良的她，過去看不慣米蘭達的冷血無情，如今才發現，原來是米蘭達必須如此，才能在這環境生存。她不是惡魔，她只是在做她的工作；她的殘酷都是刻意使然，因為環境逼她必須穿起武裝。

一邊是愛情，一邊是麵包，難不成，
女人就非得在家庭與工作間做選擇？

這世界太殘酷，我們無法保有純真

—— 權力遊戲 *Game of Thrones, 2011-2019* ——

本文含有影集劇透

大草原的卡麗熙、解放奴隸的解放者、龍之母、洛伊拿人和先民的女王——她是「風暴降生」丹妮莉絲．坦格里安。她是擁有絕世美貌和傳奇血脈的統治者，身材嬌小卻膽識過人。她毫無國家治理經驗，卻憑超強的學習能力與智慧，所有困難都迎刃而解。她乘著巨龍，所到之地都將被征服，她要一步步征討本來就屬於她的國土，直到她坐上鐵王座的那天。

丹妮身爲改朝換代的落難公主，年幼時就是政治聯姻的棋子，哥哥韋賽里昂將她當作禮物，嫁給了多斯拉克的領袖卓戈卡奧，以換得軍隊。她曾經被強暴，曾經差點被毒害，曾經痛失腹中愛子，但她的苦難只爲成就她的偉大。

丹妮陪葬卡奧後，在烈焰中不死重生，孵化了三顆龍蛋。她成爲不焚者、龍之母，多斯拉克人見證了她的不凡與神性，決定追隨她，於是第一個有統治權的卡麗熙誕生，奇蹟就此開始。離開大草原後，她開始征討周邊城市，過程更解放奴隸、婦女，幫助弱小，踏足維斯特洛前，她早已名聲遠播，人人稱她爲「龍后」，一個仁慈的君主。

有好長一段時間，不論是觀眾或劇中角色，都相信她是注定打破齒輪、創造新世界的偉大女王。**她雖然良善，卻可以在關鍵時刻展現必要的殘忍；她擁有迷倒眾人的魅力，又有破釜沉舟的魄力。**

《權力遊戲》影集自二〇一一年開播後，丹妮莉絲一直都是劇中最受歡迎的角色，她的人氣不難理解，畢竟成長背景實在太啟發人心。然而，歷經八年的角色演進，這樣討人喜歡的角色卻走向許多觀眾無法接受的結果——丹妮終究向「坦格里安家族的人注定發瘋」的命運屈服，焚燒了維斯特洛，屠殺無辜。

爲什麼？

回顧丹妮的成長歷程，她其實從未去過維斯特洛，卻相信自己生來就握有維斯特洛的掌控權，只因她認爲這是她身爲坦格里安與生俱來的權利。即便影集花了篇幅展現她的良善和明智，丹妮行事的最初動機從來不是「解放窮苦」，而是「奪回屬於她的東西」。這暗示了她隱性的暴君特質可能在刺激之下爆發。

丹妮雖然才智過人，作爲統治者卻有幾個致命缺點。她缺乏經驗又太過理想主義，年少的她時常忽略人情世事的微妙平衡。她的世界非黑即白，這種性格也使她吃了不少虧。她解救了差點被強暴的女巫，女巫卻不屑她的幫助，反而殺死她的丈夫卓戈；她解放了彌林這個充滿奴隸的城市，卻破壞了當地的經濟體制，引起革命。她自認從錯誤中學習，卻從未眞正放下驕傲，認清自己的問題。

套用常見的編劇術語，淨化(Catharsis)，這個概念描述角色在經歷悲劇或人生掙扎的排毒過程後，達成個人實現，或從痛苦中解脫。然而丹妮從未解脫。

她間接害死了自己的丈夫，重生後被視爲多斯拉克的女王；她搞砸了彌林，又直接離開那裡；她失去了如親生孩子般的龍，然後與瓊恩墜入愛河。她的每段經歷從未有過善終，接著就被迫開啟另一段故事。在這些故事中，她沒有機會眞正和那個犯錯的自己說再見；相反地，這些遭遇變成了恨意，變成了恐懼，在她內心蔓延，最終爆發。

丹妮莉絲轉變的關鍵就在於，**她選擇放下的是純真，而不是驕傲。**但純眞偏偏是她最強大的武器，也是讓她獲得衆多追隨者的原因。她的純潔成就了她的不凡，她卻選擇拋棄這個特質，將其視爲弱點。於是，她開始認爲自己在所有人之上，相信自己所做的一切選擇都是正確的。她開始認爲，打破齒輪的路上，犧牲是必要的，因此除去障礙時眼睛眨也不眨。她的驕傲最終進化爲殘酷不仁，她以爲自己是神，有權操弄他人生死。

這樣的特質屬於反派，於是她被認爲是極度危險，需要被阻止。

就算丹妮莉絲的黑化有跡可循，這個命運對她來說還是不大公平，畢竟她曾經達到一個無人能及的高度；她充滿魅力、聰明絕頂、願意爲弱小發聲，但「內心陰影太大，最終崩潰」卻是她的結局，過往鋪陳都因此付諸東流。起初，我恨編劇如此辜負丹妮，但想想，這又何嘗不是每個人成長中都有過的掙扎？在經過各種磨難和痛苦，誰有那個勇氣保有純眞？在各種質疑下，我們只能選擇變得強硬又無情。

丹妮莉絲本應偉大，或許是這世界配不上她。

PART

4

蛻變成為你自己

我不需要證明任何事

剛開始做 YouTube 的時候，因爲影片主題比較男性向（談電影），經常會收到這類的粉絲來訊：「你的影片眞的都是自己做的嗎？」、「影評內容都是本人想的嗎？」、「是自己剪的嗎？」就算告訴觀衆，我的影片從企劃、腳本到剪輯全都是我自己一個人，也偶爾會收到如下的類似回覆：「我還以爲你只是主持人，背後有團隊幫你呢。」我相信很少有 YouTuber 會被問這樣的問題，因爲自己想企劃、寫腳本、剪輯，不就幾乎是每個 YouTuber 在做的事嗎？

我這才深深意識到一件事，那就是原來像我這樣的女孩子做影評，對一部分的觀衆來說，就是如此難以置信，因爲他們想像中的女性形象，是比較局限的。在我接觸到影評圈、並有了更多合作機會後，這種「反性別期待」的壓力也來到了我身上。畢竟許多人第一眼看到的，就是在一群男性影評當中，夾著一個要聊電影的女孩子，他們的第一個反應總是帶著挑戰的眼光看看「她能說出怎樣的東西」。這完全可以理解，但對於觀衆先帶著批判視角，去比較我與其他男性影評人的差別，這就讓我有點不舒服了。

曾經，我努力了很久，就爲了證明女

性的觀影看法不一定不如男性深入，像是試著在直播時多講點話（即便我對要談論的電影並不是特別有感覺），或是搶著每一部電影都要出相關影片（即便我不可能喜歡每部電影）。久了我發現，批判的聲音並不會消失，但也總是會有一群真心喜愛著我的觀點與特色、黏著度很高的觀眾。我終於接受不可能每個人都喜歡我，此外也明白了我沒有必要向那些不喜歡我的人，證明我很討喜；沒有必要對比自己弱的人，證明我比他們強大。

本章收錄的女性角色我都非常喜歡，從臉超臭的《驚奇隊長》，到《她們》的馬區四姊妹，她們都以自己的生存之道，活得超有態度。與其汲汲於永無止境的功利大道，心靈的富足才應該是我們追逐的目標。這樣的富足不用他人認證，每個人都有自己該有的形狀。

不，我現在不想笑

—— 驚奇隊長 *Captain Marvel, 2019* ——

《驚奇隊長》於二〇一九年上映，女主角卡蘿．丹佛斯是第一位擁有獨立電影的漫威女英雄。上映前，這部電影背負著「第一部女性漫威電影」的名號、銜接漫威宇宙的承先啟後之作，以及最強大復仇者的期待，所有粉絲的目光都聚焦在飾演驚奇隊長的布麗．拉森身上。

「這個女演員也太木頭臉了吧？能不能笑一個？」

第一支電影預告釋出後，出現了這樣的聲音。

怪的是，肩扛拯救地球使命就夠累了，還要超級英雄嬉皮笑臉實在不怎麼合理。更怪的是，我們從來都沒有聽過哪位漫威男星會被要求「多笑點」，爲何女星就應該要多笑？更進一步思考問題核心，開口要求另一個陌生人控制自己的表情，本身就是無禮的，怎麼總是會有人理所當然要一個女人笑給自己看呢？

這類評語在網路上引來熱議，許多女性網友都感到憤怒。顯然，被提醒「要多笑」，是很多女孩都有的共同經歷。身爲需要在螢幕前跟觀眾互動的影評，我自己也有過幾次在直播過程中，被男性粉絲要求對鏡頭笑一個的經驗。三四年前，當時才剛開始習慣鏡頭的我，擔心觀眾可能不會喜歡我，有幾次不自覺地配合擠出了微笑，即便我們在談論的電影內容一點都不幽默，其他三位跟我在幕前共事的男性夥伴，也沒有被提出一樣的要求。

回想起來，我忍不住納悶，多少女生有過跟我一樣的經歷？又有多少女生可以在遭遇這樣奇怪的要求後，仍然擺著嚴肅的臉，告訴對方：「**不，我現在不想笑。**」

布麗．拉森，驚奇隊長，她可以。

漫威拖了多年才總算推出第一部女性英雄電影。在這之前，早已有《神力女超人》開先河，《驚奇隊長》這部電影的存在難免給人一種蹭女權潮流之感。不過整部電影在布麗．拉森的臭臉詮釋後，反倒不流於俗套，因爲這個角色似乎絲毫不在意螢幕前的觀眾喜不喜歡自己，她只想找出自己的根源，挖掘自己的力量。以娛樂性而言，卡蘿．丹佛斯確實不太適合作爲大螢幕主角，她渾身散發出一種讓人無法放鬆、難以接近的氣場，太過強悍也不容易讓觀衆與她產生連結感。不過，這也展現出了螢幕上前所未有的女性形象。

「女主角就是得可人、討喜，沒有以上特質，至少也要懂得賣弄性感。」

這恐怕是大部分觀衆看一部電影時會有的預期。一旦不符合上述條件，電影就不夠好看。

好萊塢電影中的女人有義務娛樂男人，微笑是她們的戰衣，柔情攻勢、運用性魅力才是她們的長項。如卡蘿．丹佛斯這樣揮拳系的硬派女子，實在叫人難以想像，整部電影都要看著她那張跩臉，更是讓人不習慣，但這正是《驚奇隊長》的魅力所在。沒有蓋兒．加朵神力女超人的甜美、沒有史嘉蕾．喬韓森黑寡婦的性感，她靠一身蠻力與聰明機智，征服大銀幕，解決所有難題。

卡蘿一直是個渴望表現卻不得志的女子，她受夠了因爲性別被瞧不起。小時候想跟男生搶鋒頭被罵，長大後從軍卻總是在訓練中被嘲笑不夠強壯、不屬於軍營。在民風還算保守的九〇年代，她甚至不被允許駕駛戰機，就只因爲她是女生。但她從未放棄，她比誰都要努力，她想出頭的決心無庸置疑。

不，她不性感也不風趣，她是受過嚴密訓練、高度自律的戰士。更適合她的形容詞是：

酷，酷斃了。

對卡蘿來說，她最需要克服的心魔就是那份想要獲他人肯定的執著（對象通常是男性）。她這輩子不斷想向他人證明自己，就連獲得克里人的血重生後，她都還在尋求師傅的認可。高傲不屈的她可不會甘於「以女生來說已經很好了」的評語，她想超越、她想飛更高、更快、更強壯。

可是這樣的野心就像雙面刃，一面求好，一面也蠶食著她的自我。

在《驚奇隊長》的起源故事中，卡蘿被克里人洗腦而失去記憶，這段經歷反而是必要的。這削弱了她證明自己的渴望，增添了想找回眞正自己的動力；她被迫停下來審視自己，自我接納後才能獲得眞正的成長。最終，卡蘿總算接受自己體內的強大力量，不再堅持要靠拳腳打出一片天，反而讓她得以扛下更艱難的任務，達成更偉大的成就，也就是，成爲復仇者聯盟最強大的祕密武器。

從壓迫、迷失、到認淸自己的使命，卡蘿．丹佛斯的英雄旅程雖然都在預期之中，但電影最後，我們看到她用光子衝擊轟飛曾經造成她心魔的師傅，帥氣落下一句：「我不需要向你證明任何事。」彷彿就像看到布麗．拉森本人回嗆網路上嫌她不夠美、不夠討喜的酸民：

「我現在就是漫威最強的英雄了，你能拿我怎樣？」這種痛快感簡直讓人有股衝動，想從戲院座位站起來，爲她拍手叫好。

我們無須活成他人期望的樣子，我們要活成自己期望的樣子。

眾人期望《驚奇隊長》這部電影該有多特別，第一個擁有獨立電影的漫威女性英雄該要多完美，事實上驚奇隊長無須證明任何事。不笑沒有錯，電影裡不談情說愛也沒有錯，沒有給大家性感養眼的福利也沒有錯，她有她自己的故事，我們每個人都是。

我不需要向你證明任何事。
我們無須活成他人期望的樣子，
我們要活成自己期望的樣子。

幽默不是男性的專屬

—— 深夜秀 *Late Night, 2019* ——

她聰明犀利、妙語如珠、笑點高明，然而年過五十還是難逃被迫交出主持棒的命運——《深夜秀》描述由艾瑪．湯普森飾演的脫口秀主持人凱薩琳．紐斯貝瑞，在面臨即將被換角、事業岌岌可危之際，決定請來一名印度裔女性寫手莫莉，爲團隊增添不一樣的觀點。被同事們譏笑只是「多元雇用」的莫莉，從來沒有任何喜劇撰寫經驗，卻眞的爲團隊帶來了不一樣的氣息，也讓凱薩琳開始認眞思考節目調性，學習變通。

凱薩琳就像《穿著 Prada 的惡魔》的米蘭達，工作上追求卓越，只把員工當成工具，待人處事上沒什麼同理心，因此員工與她都不太親近。節目被宣布腰斬之前，她甚至從來沒有見過替她寫腳本的編劇，還因爲實在懶得記名字，直接用數字代號稱呼他們。這樣的女魔頭，對上莫莉這個樂天又直白的熱血年輕女孩，爲本片增添了不少笑點。

雖說《深夜秀》探討女性在職場因年齡和膚色遭到質疑的問題，片中卻沒有明擺著歧視女性的沙豬反派，也沒有女VS.男這樣的對立爭鬥，而是用誠實的角度，直接帶領我們看到像莫莉這樣敢言、活潑到有點白目的新進員工。我們看著她加入一大群受過高等教育的白人男性，造成一連串的衝突和尷尬；另一方面，我們也看到同樣身爲白人的女主管凱薩琳，居然在冥冥之中成爲助長父權的推手。她的團隊清一色只雇用白人男性員工，自己甚至還有一點「仇女」，這些元素都使得本片不像一般女權電影那樣說教意味濃厚，反而是以現實生活的窘況，帶領我們反思這些重要議題。

電影用了聰明的方法，帶出女性主義在現代社會的運作方式。

某位員工以「年資差不多了、要照顧小孩」爲由，上門向凱薩琳要求加薪。凱薩琳指出這是父權社會的通病，男性自認可以拿更高的薪水不是因爲能力較好，而是被認爲需要照顧家庭。這種情況下的加薪，簡直跟毒癮者要毒品一樣對社會有毒，凱薩琳因此拒絕幫他加薪，甚至直接將他開除。

「你憑什麼發表這種女權言論？你根本是世上最仇女的人，團隊裡一個女性都沒有。」被員工反嗆後，凱薩琳才馬上決定隨便雇用莫莉，以證明自己並不討厭女性。正如近幾年女力風氣爲政治正確而政治正確，有時候女性也不見得是眞的想「支持女性」才給其他女性機會，只是想要證明自己有在對的風潮上。

透過凱薩琳，故事也帶到了當今好萊塢仍存在的性別議題：男人如紅酒一樣越陳越香，女人老了就是臭酸。面臨自己的節目被腰斬，除了心痛之外，她最擔心的其實是自己已經一把年紀，在好萊塢根本無法生存。

「如果沒有這個節目，我還能幹麼？對了，我可以去演西恩．潘的阿嬤，在電影裡他會和艾瑪．史東結婚，因爲他們是青梅竹馬。太不公平了，我跟湯姆．克魯斯同年耶，他還可以在電影裡打木乃伊，而我就是那個木乃伊！」她如此笑話著好萊塢的生態，但幸運的是，她畢竟不是靠賣肉的花瓶演員，只要願意求新求變，她的喜劇才華不論到多老都還是可以保鮮。對凱薩琳來說，她的課題是需要學會誠實面對自己，坦承自己並非佯裝出來的那樣剛強。她是一個活生生的女人，曾經被歧視，曾經軟弱，曾經不安，擔心自己會被其他年輕女人取代。

凱薩琳雖然性格冷酷，卻是個很有溫度、很眞實的角色，因爲她實在太專注於自己一手打造的節目，不想浪費精力和員工培養感情，但這反而成爲她的軟肋，畢竟喜劇總是與生活息息相關，幫她寫段子的員工根本就不認識她，又怎麼寫出能打中觀衆的笑話呢？另外，凱薩琳身爲女性，一定擁有一些女性專屬的切身經驗，男性寫手再怎樣高端，恐怕也無法掌握那些幽微的女性體驗。

電影某一片段，莫莉提出了一個關於更年期的笑話，在場的男性同事全都有些不自在，甚至直說「觀衆應該不會想聽到跟月經有關的議題」。但事實上，這只是男性的觀點，莫莉的存在即證明，在創作上，兩性的觀點缺一不可，否則只會養出單一乏味的觀衆群。正如凱薩琳不該隱藏她的陰性特質、在好萊塢遭遇的歧視，以及身爲白人的特權，因爲這些再眞實不過的體驗，都是創作的養分。

《深夜秀》有趣的地方在於，它並不是那種我們常見的「擁有才智抱負的女主角，經歷了百般打壓與歧視，終於自證實力」的勵志物語。電影用現代化的口吻，描繪一個眞的靠「政治正確特權」獲得工作機會的廢物女主角，加入一個都是男性的工作環境後，「很正常地」被敵視、排擠，卻還是憑著不怕死的毅力和白目精神，默默改變了整個職場氣氛。同時，也描繪了一個本來自視甚高、冥頑不靈的白人女主管走出舒適圈，屈身傾聽員工，認清自己的驕傲、特權與不安，最終找回對喜劇的熱忱。

是的，現實生活中不見得有個眞的賞識你的伯樂，不見得眞的一切都可以公平競爭，但不論過程如何，結果好壞，我們都還是有機會靠努力來證明自己，但我們要先為自己感到驕傲。

「男人如紅酒一樣越陳越香，女人老了就是臭酸。」

好萊塢千古不變的微妙現象，有機會在 #Metoo 運動後反轉嗎？

裙子越短，爬得越快

—— 重磅腥聞 *Bombshell, 2019* ——

二〇一六年，北美最大新聞媒體「福斯新聞」爆發性騷擾醜聞，前員工格雷琴．卡爾森指控執行長羅傑．艾里斯，表示自己因爲拒絕與羅傑發生關係而被降職減薪。事件爆發後，福斯新聞網數位男性主管也遭起底，多位女員工都站出來坦承曾經被羅傑及其他上司提出性要求。除此之外，這間公司的諸多文化，更反映了根深柢固的仇女現象。女主播被規定上節目一定要穿緊身短裙、秀出美腿（甚至有專門拍腿的鏡頭），儀容要像是完美的芭比。根據羅傑的說法，因爲福斯新聞是「視覺媒體」。

在這裡，所有人都知道一項潛規則，當你被傳召到二樓的羅傑辦公室，就是他要你展現「忠誠」的時候。「忠誠」的意思為何，答案呼之欲出。

電影《重磅腥聞》用三名在福斯工作的女性親身經歷，描繪出這間公司扎根已久的性別歧視文化。她們分別是兩名眞實人物，梅根．凱莉、格雷琴．卡爾森，以及虛構角色凱拉。透過她們不同的經歷，我們得以抽絲剝繭，看清職場性騷擾究竟是怎麼一回事，以及遭遇掌權者欺壓時，三種截然不同的女性有著什麼樣的反應。

梅根在福斯新聞網有一定的聲望與地位，年資高，又受到羅傑喜愛，在這間公司已經坐穩地位。雖然她也有被羅傑騷擾的經驗，卻不希望往後的形象就此和「性騷擾受害者」綁在一起，因此一開始她傾向不表態。這個角色代表著本片的理性觀點，是三位角色中最常突破第四道牆跟觀眾互動的。能屈能伸的她吃過虧，卻也知道，為了事業，忍耐才是長久之計。

梅根自認不是女性主義者，她習慣了男性近乎性騷擾的玩笑，甚至嗤之以鼻，相對不受那些言論的影響。她的經歷也反映出女性在職場的生存之道：**唯有懂得忍氣吞聲、保持理性、學會和直男開玩笑，才能順利存活下來並爬上高位，即便這不代表她獲得了尊重。**

格雷琴則是自我意識較強，在節目上被男性調侃時，甚至會直接怒而離席，因此被貼上「仇男」的標籤，為此吃盡苦頭。終於，在她拒絕羅傑的求歡後，直接被冷凍，最後甚至遭到解雇。

格雷琴代表著那些不願順應父權文化的強勢女性，符合典型女性主義者的特質，這樣的女性在職場特別難生存。羅傑批評她「強勢又沒什麼人緣」，明指她這種女性不討男人喜歡，因爲「太難搞」。日後踢爆羅傑惡行的主力成員，就是格雷琴。

最後一個角色凱拉是集合了多位女員工經歷的杜撰角色，她是野心勃勃的新鮮人，渴望在最短的時間內爬到高位，羔羊就這樣入了虎口，被羅傑侵犯。

「站起來轉一圈我看看，裙子往上拉，讓我看看你的腿。」

凱拉站起來轉圈，漸漸拉短自己的裙子，羅傑不斷要求再拉高一點，直到看見凱拉的底褲才滿意。凱拉強忍著淚水，禮貌地請求羅傑不要跟任何人提起這件事。

三名角色中，凱拉的經歷最讓人髮指，血淋淋道出了每一位女性的共同經歷。遇到性騷擾的當下，我們第一反應往往不是生氣，而是受到羞辱，甚至想責怪自己是不是哪裡做錯了，是穿得太少?行爲不檢點?還是說錯話引人誤會?若騷擾自己的對象位高權重，驚嚇之餘也不知該如何反應，說不定只能順從對方。事後，由於感到羞恥，比起告狀或反抗，反而不想讓任何人知道——正如梅根說的，沒有人想跟「性騷擾」三個字扯在一起。

「想往上爬，就要吹一下。」外人聽起來只是玩笑的一句話，其實潛藏了羅傑對員工的試探。面臨職場性騷擾，問題早已不是要不要舉報，而是只有接受或不接受，畢竟沒人有自信可以憑一己之力扭轉扎根已久的厭女文化。格雷琴縱身躍下懸崖，成爲說不定會摔死的領頭羊，好在她幸運獲得了支持，並終結了羅傑．艾里斯的恐怖統治。

然而，《重磅腥聞》維持著傳記電影的理性和客觀，沒有硬是傳達「女力當道」、「女孩集結戰勝父權」，只是平靜描繪這次抗爭的勝利。畫面夾雜著新一任保守派領袖川普當選美國總統的新聞片段，片中角色都清楚知道，光是一位性騷擾者的下台，並不足以歡聲雷動。

鼓起勇氣指控性騷擾是一回事，持續在這個仇女世界生活下去又是一回事。平權或許正邁向落實法律的路前進，但尊重與包容卻是人類永久的課題，我們能做的，是不斷抗爭，不再噤聲。

殺不死你的，讓你碎成千萬片

——女人碎片 *Pieces of a Woman, 2021*——

「殺不死你的，讓你更堅強。」在人生道路上跌倒受傷時，最常聽到的就是這句話，我雖然可以想像意境，卻始終無法眞正體會。小時候，以爲這句話說的是傷口癒合後，可以如浴火鳳凰一樣，活得更無所畏懼；長大後才發現，傷口癒合非常不容易，就算癒合了，也不見得會有那種神清氣爽、哪裡跌倒就在哪裡站起來的勇氣。

面對哀傷和無法挽回的悲痛，眞的太難太難，這些傷口深深刻在心裡，變成亂如麻、醜陋得不忍直視的疤痕，偶爾一眼瞥見也只會覺得自己好不堪，不如就不看了吧。

看完《女人碎片》，我總覺得十分能體會女主角瑪莎內心的支離破碎。這名失去孩子的母親，她的哀傷卻還要遭遇指責和質疑；她的壓抑是避免自己崩潰的防衛機制，**她的冷漠是失去了對現實世界的任何興趣，這種最深沉的憂鬱，到底有幾個人能懂呢？**

再沒有哪部電影比《女人碎片》更令人心痛了。片中，以壓抑又細膩的方式呈現女性處理傷痛的過程，沒有撕心裂肺的哭喊或淚水，只有對女主角而言再也無意義的平凡生活——沒人使用的嬰兒房、逐漸放棄婚姻的丈夫，與抽離的情感。她變成一個看似還在那裡，內心其實已完全破碎的女人。

瑪莎和西恩這對年輕夫妻在意外中失去了剛出生的女兒，兩人哀悼的方式截然不同。西恩希望瑪莎能敞開心房接受自己的軟弱，瑪莎卻因爲巨大悲痛，完全麻痺了自己，再也無法和丈夫維持以往的生活。

瑪莎處理悲傷的方式是壓抑自己、轉移注意力，這卻讓她受到周遭人們的譴責。她的丈夫認爲她無情，母親說她有毛病，兩人聯手試圖喚醒瑪莎的辦法，是把助產士告上法庭。她的母親堅信，若是讓助產士爲她的疏失負責，就可以爲一家人的傷痛爭取到正義的平衡，可是這只讓瑪莎越來越火大，與家人也越來越疏離。

本片改編自導演穆恩德秋．柯諾與編劇妻子凱塔．韋伯最私密的眞實故事。在經歷一次流產後，凱塔最痛苦的經歷不只是失去孩子，還有周遭親密親友的指指點點：「**我感覺我的身體不再是我的身體，因為身邊的人總是像當我不存在一樣，討論著我為什麼會流產。**」雖然並沒有直接剝奪她的身體自主權，但面對孕婦和妻子，人們似乎總是能把別人的身體和職責當成閒聊話題討論，所以她決定將這些血淋淋的感受寫進劇本中，透過鏡頭與故事為自己療傷。

片中，瑪莎的情緒從未用言語表現。透過影像，我們觀察到家中環境越來越雜亂，綠色植物缺乏照顧，她手上的完美美甲逐漸斑駁，臉上妝容看似完整，仔細觀察卻有幾分草率；她不再在乎她的丈夫或家人或工作，唯一興趣只剩下種植蘋果幼苗（電影看到最後，我們也了解了爲什麼種幼苗可以幫助她平復傷痛）。種種跡象都證明她並不是故作堅強，只是內心痛楚太過強烈，讓她再也無力對世間萬物做出太多反應。她只剩下悲傷、憤怒、哀悼。

《女人碎片》探討的不僅僅是一名母親失去孩子的痛苦，也呈現了女性表達情緒的多樣性。瑪莎的母親和丈夫都期待她能在事件之後多一些同理心，或是釋放情緒來表達自己的軟弱，但瑪莎就是無法那樣表達她的情緒，因此人們開始質疑她的悲痛，質疑她是否有資格成爲母親。

瑪莎的母親伊莉莎白是全片另一個關鍵。當她得知親密的女兒並不如自己所願，她選擇向女兒抗議。伊莉莎白先是指責瑪莎捐出孫女的軀體，又控訴她對助產士訴訟案漠不關心，自私地認定這些壓力和責備可以讓女兒「面對現實」，卻無視她內心仍在處理的哀傷。直到最後，這對母女依然分歧，但瑪莎最終與傷痛和解並同意出庭後，伊莉莎白在法庭上的動搖神情，也顯現了她第一次能同理女兒的痛苦。我們不見得能完全了解他人，但面對巨大的失去，我們至少能做到尊重與陪伴。

《女人碎片》有個淡淡的收尾，沒有感人說教，也沒有與丈夫復合的美好結局，只見一個曾經破碎、如今努力將自己拼湊起來的女人，整理好自己，並繼續過著她的生活。或許當她想起人生路上的經歷時，也無法感謝這些痛苦回憶，回首笑看過往。**破碎的心終究無法恢復原狀，她充滿裂痕但還能繼續活下去，只因為曾經緊握的那份愛依然存在。**

不是比一般女人好而已、不是比男人好而已，要完美才行！

—— 后翼棄兵 *The Queen's Gambit, 2020* ——

「來下棋吧。」

一雙如小鹿的雙眼直勾勾盯著對手，閃爍著自信的光芒，貝絲．哈蒙舉手投足都充滿輕微厭世和面對勝利的從容。她身著最時髦的裝束，也很會放電，在數名異性間徘徊，和他們切磋、戀愛、衝突。一路上，我們就看著她不斷贏贏贏，最後成爲世界冠軍。《后翼棄兵》無疑是一部專門爲多數觀衆量身設計的爽劇，觀影毫無負擔，不用理解西洋棋，也能享受貝絲不平凡的人生旅程。

雖說影集本身引起的討論大多聚焦在女主角貝絲身上，她在男性稱霸的圍棋圈殺出重圍，多麼勵志、多麼熱血沸騰，但我看這部影集時卻很少感到女權意識，反而更好奇女主角千瘡百孔的內心世界。因爲在女性向包裝下，其實不難看出本劇探討的核心仍是「天才的難題」。

以「受盡折磨的天才」爲主角的影劇作品並不少，如《美麗境界》、《心靈捕手》、《愛的萬物論》、《模仿遊戲》，都是很好的例子；但《后翼棄兵》的貝絲．哈蒙又更特別，她好勝心強，習慣寂寞且不依靠他人，卻也極度害怕失敗，害怕被拋棄，導致她有強烈的自我毀滅傾向。她的天才並不是她失控的主因，反而是讓她平靜的避風港。

「只有在這個六十四格的棋盤上，我才可以控制一切。這讓我感到安心。」

貝絲自幼藥物成癮，進入青春期後還有酗酒問題。她將童年創傷擱置一旁，在勝利的棋局中尋求慰藉，即便生命中幾度有過在乎她的人，她卻一再推開他們，因爲她早已習慣孤身一人。在他人眼中，貝絲充滿靈性、神祕、性感可愛，但她內心的黑暗與痛苦，卻沒有人看見。

貝絲雖然是本劇主角，卻非常符合影視作品中常見的「manic pixie dream girl」女配角設定。這類型的女孩子通常鬼靈精怪，性格特異獨行，有自己的生活步調，有天就突然出現在男主角的生活中，顚覆一切，最後成爲啟迪男主角的心靈導師。

她們在故事中不用交代太多背景，因爲她們存在的目的，除了拯救男主角，別無其他。正如我們看到故事中的貝絲，用棋藝帶給其他男性角色人生體悟，自己卻還是一直處於徬徨之中。

我自己也猶豫了很久，不知道該不該把《后翼棄兵》放在本章。雖然這部劇描述的是一個小女子無畏時代洪流、逆流而上的熱血故事，本質上卻缺乏女性的聲音，也沒有那年代女性在西洋棋圈會遇到的實際困境。全劇中，貝絲幾乎沒有遭遇圈內權威人士的歧視和質疑，這似乎美化了很多事情；更重要的是，影集依然用大量的男性視角來看待貝絲人生的起落。當貝絲喝得爛醉，隔天帶著宿醉出席比賽，臉上竟沒有一絲水腫和倦容，依然頂著無懈可擊的妝容應戰；當她輸了比賽並陷入人生低潮，宣洩的方式居然是身穿性感睡衣，一邊聽著Shocking Blue的〈Venus〉，一邊熱舞搖擺。她就是如此完美，即便在人生的低谷，也有著神仙顏值，絕對不會有狼狽的時刻。

我想到動畫作品《咒術迴戰》中，名爲西宮桃的角色說過這樣的話：「身爲女人、一個女巫，在這個咒術師的世界中要做到的，不是比其他男人好而已，而是要完美，要完美才行。」雖然我不完全贊同這樣的人生哲學，但不得不承認，如果一個女性想要得到認可，這大概眞的是最暴力、簡單的方式了。**不論能力、外表、抗壓性，一切都要做到無懈可擊，女性才有可能在這個男人的世界中贏得尊重，實力被認可。**

貝絲因爲身爲女人得到了注目，因爲實力得到了機會，因爲完美得到了尊重；但她內心的陰影不容展現，也無暇處理她的創傷。畢竟，身處男人世界，她沒有餘力這樣做。她的故事就像是個不可能實現的寓言，因爲我們其實都淸楚，完美女人並不存在。最後，貝絲就像一顆被解放的皇后棋，一身白色大衣、白帽，自由漫步在莫斯科街頭。編劇辜負了這個角色，但希望至少在自由之後，她可以走出更貼近現實、屬於自己的故事。

我不想結婚，很奇怪嗎？

—— 她們 *Little Women, 2019* ——

喬、梅格、貝絲、艾美，馬區家四姊妹的故事歷經無數次改編與詮釋，二〇一九年，在新銳導演葛蕾塔．潔薇的敘事下又帶出了另類角度。中譯片名也不再採用原著的《小婦人》，而是試圖和現代觀眾重新對話，變成了《她們》。究竟在女性意識崛起的今天，重看《小婦人》，體悟會不會有所不同？肯定的。四姊妹的故事發生在十八世紀，搬到現在來看依然貼近許多女孩的實際體驗，尤其對自幼讀過各種原著、改編圖文書的觀眾來說，成年後重看一次這幾位角色的性格與人生抉擇，都會格外有感觸。只能說經典就是歷久彌新。

每每被問到《她們》這部電影到底在講什

麼，都難以一言概之，只能大概解釋「就是看四名個性很不同的女孩如何成長」，可謂史上最難用口語推坑的電影。實際上，整部電影的劇情還眞如片中艾美所說：「這是個不講出來，就不會有人發現其實很重要的故事。」**或許人生許多體驗也是如此，它們並非不特別，關鍵就在於你是否願意記錄下來，在心中保留位置罷了。**

喬是故事的主要敘事者，也是每個翻拍版本中都最受歡迎的角色。她與眾不同、得天獨厚、一身傲骨，渴望衝破體制有所成就，跟其他三位姊妹比起來，簡直像從不同年代穿越來的。雖然這樣的個性造就了她光芒萬丈的主角光環，但她的生活也非常辛苦。作爲十八世紀的女性，她不想結婚又懷抱作家夢，還想一肩扛起照顧家人的責任，難免給人感覺不切實際了一些。然而，喬就這樣橫衝直撞，拚死也要爲自己殺出一條作家路，結果還眞的成功了，讓人不得不佩服這個女漢子，也驗證了「只要努力就能成功」，實在太勵志，叫人怎能不愛她？

同時，喬也引起最熱烈的討論，讓觀眾探討女性投入家庭的必要性，以及戀愛之於女孩是什麼的議題。二〇一九年的《她們》中，瑟夏．羅南用直率的方式表達這角色對抗體制後的無助：身爲女性作家，她不敢將自己的名字印在作品上，只怕讓家族蒙羞。身爲女人，她不願跟其他姊妹一樣體驗戀愛的樂趣，因爲她擔心一旦投入，未來等著她的就是婚姻的牢籠、妻子身分的期待與束縛，或是母親的責任。

「我受夠了大家總是說愛情就是女人的全部，我眞的受夠了。」

當喬對刻板印象的不滿累積到最高點，她嘴裡迸出了這麼一番話，但我私心認爲，喬並非不需要愛情，也並非太過理性。恰恰相反。身爲執筆之人，喬有著過於浪漫的靈魂，她只是想在毫無經濟牽扯、不必犧牲夢想的條件下，談場自由的戀愛罷了。然而時代不允許，家庭狀況也不允許，於是她放棄戀愛，選擇夢想。

那麼，是否和最了解自己的青梅竹馬羅禮在一起，就是讓她可以同時兼顧婚姻與夢想的唯一機會?或許是吧，但在這段關係中，喬又以「夢想」爲藉口開脫，她自己沒有發現，羅禮倒是先察覺了。

初次看喬，我認爲這角色有些叛逆，對婚姻是爲反而反，純粹是想衝撞體制，總覺得有些不懂事。往後幾次，我發現喬並不是那樣理性又頑固，正如羅禮被喬拒絕後的嗆聲:「你才不會一輩子都孤家寡人，我知道你總有一天還是會瘋狂愛上某個人，而我，只能旁觀。」

喬拒絕羅禮，並非不屑被愛，只是她不愛羅禮。

大姊梅格、三姊貝絲、小妹艾美，都與喬有著極爲鮮明的區分，其中，梅格更是生來就完美融入各種女性期待。她長相甜美，溫柔婉約，喜歡認識男孩、參加舞會，在社交場合時時刻刻注意自己的儀態，是四姊妹中最虛榮的一個。三姊貝絲性格最單純，醉心於音樂，不在乎玩樂也不追求卓越，貼心善良地爲他人著想。小妹艾美在幾個姊姊的寵愛下，有些驕縱，和喬一樣有個遠大的夢，她想成爲藝術家。

反覆咀嚼馬區四姊妹的故事後會發現，其實比起喬，小妹艾美反而不那麼任性。她認清了自己的平庸，以及女人在當時爲了財富自由別無選擇。她選擇嫁入好人家，不怕被說庸俗，因爲她清楚婚姻只是經濟行爲，不見得要有情愛瓜葛——爲了自己和家人，爭取更好的生活有什麼不對？看著這麼認份認命，同時又懂得運用女人優勢的艾美，不禁有那麼點羨慕又敬佩。

艾美其實一直愛著羅禮。羅禮被喬拒絕後，決定接受艾美，這讓她一度掙扎許久，畢竟有誰願意當「第二順位」？最後兩人各自屈服，羅禮選擇被愛，艾美選擇愛人，這已經是他們自認最幸福的結局了。

故事中每個角色都留下了那麼一點遺憾，但她們都是快樂的。梅格無法享受兒時嚮往的榮華富貴，卻也體驗到夫妻相濡以沫的美好；喬錯過此生最愛她的男人，但還是成功出版了《小婦人》；艾美沒能一圓畫家夢，倒是在看破塵世後，奇蹟般找回了愛情。

所以，《她們》的故事爲什麼重要？並不是要我們像喬一樣，勇往直前追逐夢想，不是要我們像梅格一樣，懷抱浪漫情懷，亦不是要我們活出艾美的現實認份，或是貝絲的溫順，而是讓我們知道，只要忠於內心，不論活成什麼樣子都很好。我們不見得每個人生來都能衝撞體制、改變世界，但我們還是能依著對自己的期待，和社會做出微妙抗衡，活得驕傲且美好。

拚命記錄你的成長回憶吧，
點點滴滴都是成就如今的你的關鍵；
為回憶留下一席之地，
讓未來迷失的自己當作翻閱過去的參考。

野人家 210

想笑的時候再笑，才是我最可愛的樣子

YouTuber「飽妮」施展電影宅魔法，
讓你成為最喜歡的自己（管他淑女佳人還是蛇蠍魔女或魯妹）

作者　飽妮

野人文化官方網站

野人文化讀者回函

野人文化股份有限公司

社長：張瑩瑩｜總編輯：蔡麗真｜編輯：王智群、陳瑞瑤｜行銷企劃：林麗紅｜專業校對：魏秋綢｜封面設計：朱疋｜內頁插畫：朱疋｜內頁排版：劉孟宗｜出版：野人文化股份有限公司｜發行：遠足文化事業股份有限公司・地址：231 新北市新店區民權路 108-2 號 9 樓・電話：（02）2218-1417・傳真：（02）8667-1065・電子信箱：service@bookrep.com.tw・網址：www.bookrep.com.tw・郵撥帳號：19504465 遠足文化事業股份有限公司・客服專線：0800-221-029 ｜法律顧問：華洋法律事務所蘇文生律師｜印製：呈靖彩藝有限公司｜初版：2021 年 8 月

讀書共和國出版集團

社長：郭重興｜發行人兼出版總監：曾大福｜業務平臺總經理：李雪麗｜業務平臺副總經理：李復民｜實體通路組：林詩富、陳志峰、賴珮瑜、郭文弘、吳眉姍｜網路暨海外通路組：張鑫峰、林裴瑤、王文賓、范光杰｜特販通路組：陳綺瑩、郭文龍｜電子商務組：黃詩芸、李冠穎、林雅卿、高崇哲｜專案企劃組：蔡孟庭、盤惟心、張釋云｜閱讀社群組：黃志堅、羅文浩、盧煒婷｜版權部：黃知涵｜印務部：江域平、黃禮賢、林文義、李孟儒

國家圖書館出版品預行編目 (CIP) 資料

想笑的時候再笑，才是我最可愛的樣子：YouTuber「飽妮」施展電影宅魔法，讓你成為最喜歡的自己（管他淑女佳人還是蛇蠍魔女或魯妹）/ 飽妮著．初版．新北市：野人文化股份有限公司出版：遠足文化事業股份有限公司發行，2021.08
192 面；13×19 公分．（野人家；210）
1. 自我實現 2. 女性 3. 電影片 4. 影評

177.2　　110006764

ISBN 978-986-384-519-5（平裝）
ISBN 978-986-384-520-1（限量親簽版）
ISBN 978-986-384-518-8（epub）
ISBN 978-986-384-521-8（pdf）

書 名

姓 名　　　　□女 □男　年齡

地 址

電 話　　　　手機

Email

□同意 □不同意　收到野人文化新書電子報

學 歷 □國中(含以下) □高中職 □大專 □研究所以上
職 業 □生產/製造 □金融/商業 □傳播/廣告 □軍警/公務員
□教育/文化 □旅遊/運輸 □醫療/保健 □仲介/服務
□學生 □自由/家管 □其他

◆你從何處知道此書？
□書店：名稱 ＿＿＿＿＿＿ □網路：名稱 ＿＿＿＿＿＿
□量販店：名稱 ＿＿＿＿＿＿ □其他 ＿＿＿＿＿＿

◆你以何種方式購買本書？
□誠品書店 □誠品網路書店 □金石堂書店 □金石堂網路書店
□博客來網路書店 □其他 ＿＿＿＿＿＿

◆你的閱讀習慣：
□親子教養 □文學 □翻譯小說 □日文小說 □華文小說 □藝術設計
□人文社科 □自然科學 □商業理財 □宗教哲學 □心理勵志
□休閒生活（旅遊、瘦身、美容、園藝等） □手工藝／DIY □飲食／食譜
□健康養生 □兩性 □圖文書／漫畫 □其他 ＿＿＿＿

◆你對本書的評價：（請填代號，1. 非常滿意 2. 滿意 3. 尚可 4. 待改進）
書名 ＿＿ 封面設計 ＿＿ 版面編排 ＿＿ 印刷 ＿＿ 內容 ＿＿
整體評價 ＿＿

◆你對本書的建議：

野人文化部落格 http://yeren.pixnet.net/blog
野人文化粉絲專頁 http://www.facebook.com/yerenpublish

廣告回函
板橋郵政管理局登記證
板橋廣字第143號

郵資已付　免貼郵票

野人

23141
新北市新店區民權路108-2號9樓
野人文化股份有限公司 收

請沿線撕下對折寄回

野人

書號：0NFL0210